人物叢書

新装版

池田《いけだ》光政《みつまさ》

谷口澄夫

日本歴史学会編集

吉川弘文館

池　田　光　政　坐　像

宝永元年，京都の工人に鋳造させて芳烈祠（のち閑谷神社と改む）に安置した金銅坐像で，総高65cm 。

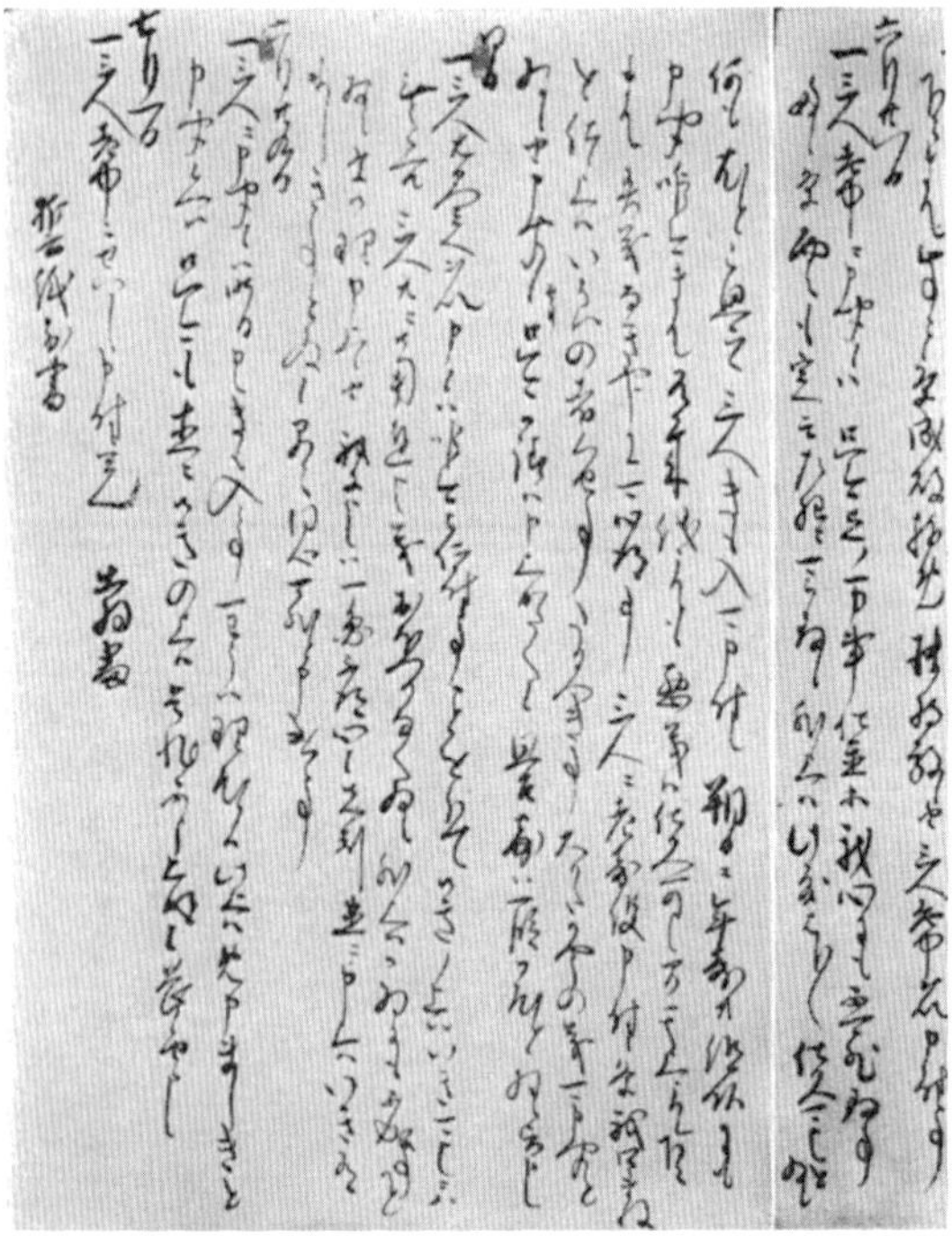

池田光政日記の一部（岡山・池田家旧蔵 現、林原美術館蔵）

（寛永十九年）
六月廿八日
一三人老中ニ申聞候ハ、只今迄ノ万事仕置等我心にも不レ可レ然存事多候条、面々も定而左様ニ可レ被レ存候、然上ハ此度はし〳〵仕かへ可レ申候と存候、何も尤と被レ思候ハヽ、三人きも入可二申付一候、朔日ニ年寄共組頭にも申聞、唯今まて有来儀ニても、悪義ハ仕かへ可レ申候間、其上ニて下々まて異義なきやうに可二心得一事、三人ニ老寄役申付候条、我口まねを仕候上ハ、いろいの者くせ事たるへき事、大かたかやうの義可二申聞一と存候由申聞候、返事只今御請ハ申上かたく候、思召寄ハ一段御尤と存候旨申候、
同日
一三人右衛門兵へヲ以申候ハ、唯今被二仰付一候事、ことを分て御意ノ上ハ、いき可レ申候ニハ無レ之候へ共、三人共ニ御用達申候義おほつかなく存候。然上ハ御為にも不レ成事かと存候条、御理申上候由、我等申候ハ、一円不二得心一候、先刻直ニ申上ハいき有ましき事と存候、早々同心可レ然と申遣候事、
六月廿九日
一三人ニ申聞候ハ、昨日申候きも入之事、一わう理尤ニ候、此上ハ免申ましきと申聞候へハ、只今も直ニ御意の上ハ是非不二申上得一候、畏候由申候、
（三家老を仕置職に任命したときの記事）
七月一日
一三人老中ニせいし申付覚　出羽番
誓紙前書
（以下省略）

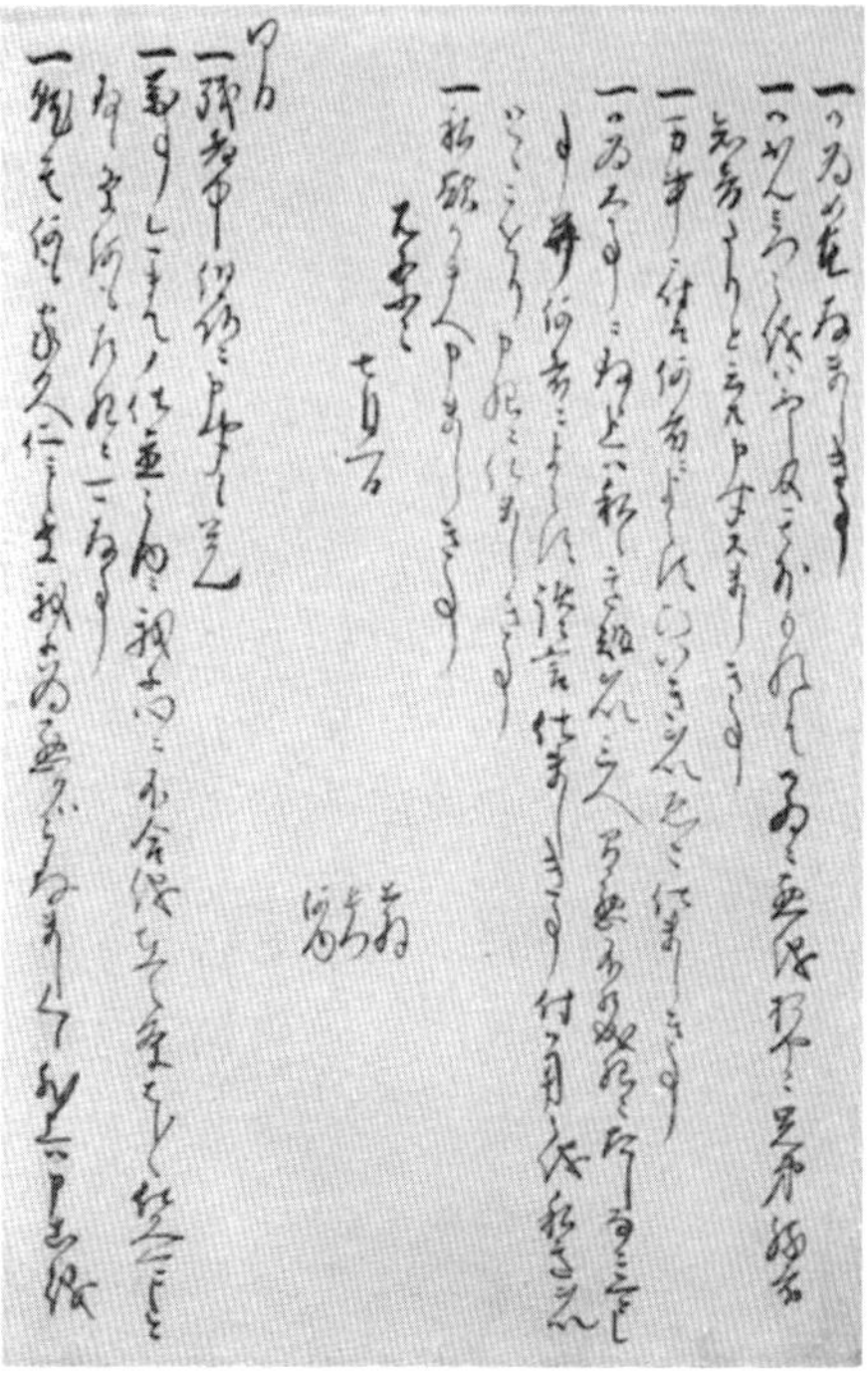

光政を祀る閑谷神社

貞享３年の建立，閑谷学校の構内（聖廟の東側）にある。もと芳烈祠といい，明治８年に閑谷神社と改めた。

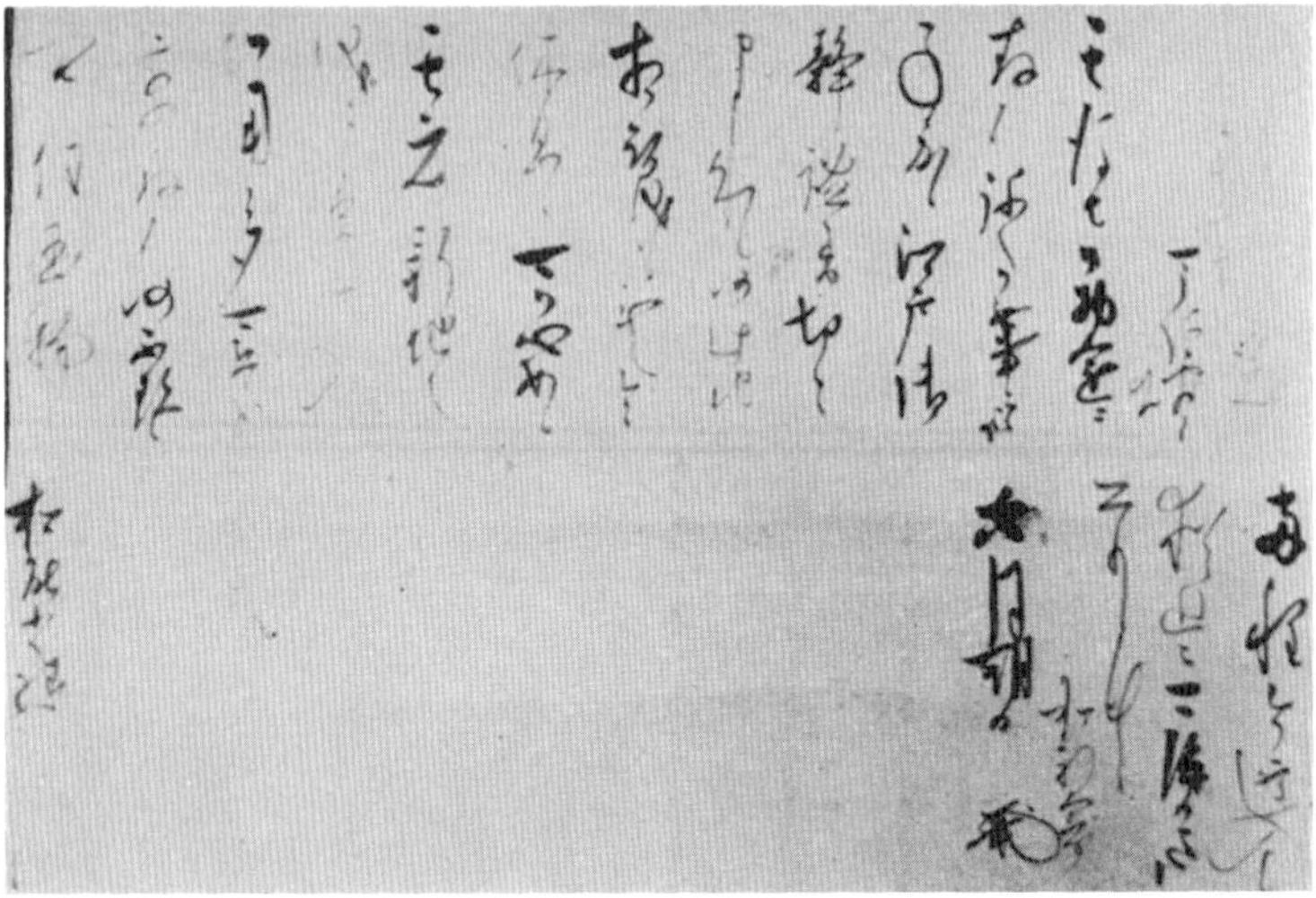

松平能登守宛の池田光政書状（東京・西下淑子氏所蔵）

松平能登守は光政の叔父輝澄の子政直で、寛永十七年播磨神崎・印南両郡の内で新知一万石を下賜された。この書状は寛永十八年頃のものと思われる。

尚々、爰元
御用等候ハヽ、
可レ被二仰聞一候、
以上、

其後は御物遠ニ
存候、弥々御無事ニ候哉
承度候、江戸御
静謐之旨切々
申来候、仍此地
相替儀も無レ之令二
休息一候、可二御心安一候、
其元新地之
儀ニ候条、一人
御用多可レ在レ之と
察存候、仍不レ珍候
へ共、任二国物一
両種令二進入一候、
猶近々可レ得二御意一候、
恐惶謹言、

松新太郎
（花押）

六月朔日

松能登様　人々御中

はしがき

慶長十四年（一六〇九）岡山城に生れ、天和二年（一六八二）同城西の丸で、七十四歳で逝去した新太郎少将池田光政は、天下の三賢侯・寛永の四君子の一人と称せられた典型的な初期大名である。寛永九年（一六三二）二十四歳のとき、国替《くにがえ》によって鳥取から岡山に移封されて以来、実質的な岡山藩祖として、確立期の藩政全般を強力に主導して、岡山藩の基盤を作りあげたのである。

幼年期の岡山・姫路時代はともかく、少・青年期の鳥取藩主時代については、岡山移封の数年前に藩政史料が焼失したので正確な事蹟がつかみにくいので、本書の記述もおのずから、個人的な人間形成の面が中心となるであろう。しかし、五十年間にわたる岡山在城時代については、自筆の日記をはじめとして尨大《ぼうだい》な藩政史料がそろっているので、その言行・業績は殆んど余すところなく知り得るし、またこの期間の経歴は最も歴史的意義が大きいので、本書の大部分をその記述に当てることにしたい。

さて戦後、藩政研究が唱導されはじめたころ、まず注目された課題の一つは、藩政（または藩制）の確立期に関する諸問題であったが、当時学界の風潮は藩の体制的・構造的な問題を重視せんとする傾向が強く、支配者としての大名個人の特性などは無視されがちであった。しかし筆者はそのころから、藩政を強力にリードするところがあった光政のような、大名個人の人格的・思想的な一面をも、その歴史的背景との関連において正当に評価すべきことの必要性を痛感していた。そして、それは大名個人の単なる伝記的なものではなく、時代の中に生き藩政の衝《しょう》に当ったところの、いわば大名の人物史ともいうべきものである。このように、歴史の中における人物としての大名個人の在り方と役割を、歴史の全体的な流れの過程においてとらえんとする筆者の観点は、いまここで、光政をとりあげた本書の立場につながるものといえる。

光政に関する文献は、各種各様にわたってその数が多い。すでに江戸時代にも、藩の学者によって『有斐録《ゆうひろく》』『率章録《そっしょうろく》』『仰止録《ぎょうしろく》』などの言行録が編纂されているが、それらはすべて、光政の盛徳・偉業を景仰《けいぎょう》して治世の鑑《かがみ》とする意図に基づくものとみられ、また明治以降のものは、上記の言行録に依拠した伝記・講談物の類が多く、新太郎少将・芳烈公（または烈公）に対する異常な憧憬《どうけい》の念は認め得ても、研究物に値いするものはほとんどみられないようである。ただ、永山卯三郎氏の『池田光政公伝』（上下二巻）は、内容も豊富であり、かつ史料的価値も高くて出色《しゅっしょく》のものというべきであるが、全編を通じてなお、「文武の全才、忠孝の権化《ごんげ》、皇運扶翼《ふよく》の行者《ぎょうじゃ》」（自序）としての光政を、嘆美《たんび》欽慕《きんぼ》することに主眼がおかれているようである。さらに戦後の若干の研究物も、光政の業績の一部を関説《かんせつ》するにとどまり、結局、時代と人物とのかかわりあいにおける光政の全貌はいまだ明らかにされておらず、まさに今後の課題というべきであろう。しかも、本書の性質と紙数の制限、それに加うるに筆者の浅学をもってしては、この課題に接近することは容易な業《わざ》ではないが、先人の業績を参照するとともに、『池田光政日記』などの、新しい史料をできるだけ利用して、光政の大名としての人間形成から藩政上の業績などについて、その時代的背景との関連において考察することにつとめたいと思う。なお本書では、単なる伝記的なものに終らさないために、背景を広義に解してその記述にかなりスペースをとったのと、光政という人物がもともと厳しくかつかたくななところがあり、それに筆者の文章もとかく固いものになりがちなために、面白く読み下せないものとなるのではないかとおそれている。

本書の主なる依拠した史料は、『池田家履歴略記』『池田光政日記』（以下単に『光政日記』という）『法例集』および『同拾遺《しゅうい》』『有斐録』その他の言行録などであり、参考文献では『池田光政公伝』に負うところが大であった。

最後に、筆者の光政研究で想起されかつ感謝に堪えないことは、故林原一郎氏の御厚意によって『光政日記』の全巻を借覧し得たこと、および、岡山大学法文学部藤井駿教授・水野恭一郎助教授とともに日記全巻を筆写することができ、それを利用しての光政研究の補訂を、一昨年ミシガン大学日本研究所で所長ジョン＝ホール教授と共同で行い得たことなどであって、ここに衷心から関係各位に感謝の意を表したい。なお種々御教示を賜わった広島大学福尾猛市郎教授、および写真撮影でお世話になった県広報課蓬郷《ほうごう》巖氏に厚くお礼を申しあげたい。

昭和三十六年五月

谷口澄夫

目次

口絵

挿図

第一　背　景

一　岡山藩の成立

光政の生誕から鳥取藩主および特に岡山藩主としての全生涯を、できるだけその時代的背景との関連において追求するためには、先代以来その領知するところとなり、かつ彼によってその基盤が確立された岡山藩が、どのような経緯で成立し、そして池田氏によって領知されるに至ったかの過程を、是非とも背景として知る必要があろう。ここではまず広い意味での岡山藩の成立過程のうち、宇喜多・小早川両氏による領有時代、すなわち慶長七年（一六〇二）頃までを略記し、次の項目で、光政の叔父忠継が翌八年備前を領知してから、寛永九年（一六三二）光政の岡山移封前まで、すなわち前《ぜん》池田氏の時代にふれておきたい。

宇喜多直家岡山城に移る

直家の子秀家

戦国大名としての実権を握った宇喜多直家が、上道《じようとう》郡沼城から大規模に改築された岡山城に転進したのは天正元年（一五七三）秋であった。ここに、岡山城が大名の居城となり、その城下が領国経営の中心地として浮び上った発端がある。岡山城主となった直家は四囲の攻略を重ね、あるいは和議を計るなどして、備前一国はもとより美作《みまさか》（岡山県）まで平定し、さらに播磨（兵庫県）・備中（岡山県）の一部にまで手をのばしたが、腫物《はれもの》を病んで天正九年に卒去した。直家の遺領をついだ子秀家は、秀吉の重臣として左中将参議従三位ついで権中納言に昇進し、慶長三年（一五九八）には五大老の一人に補せられたようである。

秀家時代の領知高については諸説があるが、ここでは『慶長三年大名帖』などに依って四十七万石余としておこう。秀家治下の国政を交代して執行した老臣たちの内部には、日蓮宗徒の武将派と切支丹宗徒の官僚派の対立が激化して、つい

家中騒動

に家中騒動の発生をみるにいたり、加うるに秀家の晩年の苛政《かせい》によって、宇喜多氏の存亡にかかわるまでに紛糾《ふんきゅう》が積っていたのである。そして遂に慶長五年関ヶ原役で西軍に味方した秀家は、徹底的に敗北して八丈島(東京都)への流刑に処せられるという哀れな末路をたどった。

八丈島流刑

さて、宇喜多氏時代の事蹟で、のちの池田氏の治世にかかわりをもつと思われるものを二ー三あげて簡単に記しておこう。まず、秀家の重臣間の党派的対立に信仰問題が伏在していたことは前記したが、備前における日蓮宗は中世後期以来、金川(御津郡)城主松田氏の尊信・奨励によって大いに栄え、のちには金川の妙覚寺は不受不施《ふじゅふせ》派の本拠となり、いわゆる「備前法華《びぜんほっけ》」の名を高めた。宇喜多秀家も後には弾圧するところがあったが、当初はいたく尊信して保護したようである。従って、江戸時代におよんでも御津《みつ》郡・赤磐《あかいわ》郡一帯には日蓮宗の勢力が強大であったから、光政が寛文六年(一六六六)に寺院淘汰《とうた》・僧侶還俗《げんぞく》の政策を実施したときには、

備前法華

同宗信徒の抵抗には根強いものがあったのである。

岡山城下町の建設

つぎに、直家・秀家父子による岡山城下町の建設の問題がある。直家が移転する前に金光宗高なるものがいた岡山城は取るに足らぬ小城で、岡山の地も平凡な中世市場的な小中心地であった。ところが新城主になった直家は、城郭を大改築

岡山城の改築

してその規模を一新するとともに、盛んに町作りをすすめて、続々と家臣たちを城下に集住せしめることを計った。この事業は秀家によって本格的に促進された。すなわち、慶長二年には安土《あづち》城にならって本丸が竣工し、大名居城として偉容を誇る岡山城の原型が完成したが、このとき旭川の河道をつけかえて、塁壁《るいへき》を高くするとともに池濠《ちごう》の役割をも果させることにした。また、秀家は城下の繁昌を計

都市計画

って、山陽道の路線を南下させて城下を通過させ、都市計画の基本的幹線を作って町家の発展に寄与するところがあった。かくて、士《さむらい》屋敷が増設されて家臣の城下集住は一きわ進められたが、なお領内各地の諸城に分置された家臣も相当多

かったと思われ、それだけ兵農分離も徹底したものではなかったようである。一方、町作りもいよいよ進展して、近世城下町としてゆるぎない基礎ができあがった。池田氏が入城した岡山城とその城下町は、かくて宇喜多氏父子によってその原型が形成されたというべきであろう。

文禄検地

最後に秀家による文禄検地の問題がある。文禄三―四年(一五九四―五)に領国の惣検地が実施されたものと思われるが、残存する史料は寺領帖のみで一村ごとの検地帖は皆無であるから、その具体的内容を詳細に知ることは困難である。しかし金井円《まどか》氏や柴田一《はじめ》氏などによれば、秀家が作職《さくしき》(土地を請作(うけさく)する権利)を基準として農民把握に関心を寄せていたこと、反面ではなお伝統的な百姓を温存して、支配の梃桿《てこ》としようとする農政の一端がうかがえること、または極めて緩慢に崩壊しつつあった荘園体制の克服と、幕藩体制への地均《なら》しの役割が意図されていたこと、などが知られる。ただし秀家による太閤検地では、未だ中世的な土地制度の変革は達成されたとはいえず、従ってこの点に、池田利隆《としたか》（光政の父）が施行した慶長九年の領内検地の意義が存するであろう。

要するに、幾多の曲折を経ながらも近世大名へと成熟していった宇喜多直家・秀家父子によって、岡山藩成立の途が開かれかつその原型がつくられたといってよく、そのすべての完成は、池田氏の手に委《ゆだ》ねられたと考えてよかろう。なお宇喜多氏が滅亡して池田氏の領知が始まるまでの数年間、岡山城主になった小早川秀秋のことに簡単にふれておこう。

小早川秀秋

慶長五年十月に筑前国（福岡県）名島城主小早川秀秋（二十一歳）が、備前・美作両国五十一万石を賞賜され、翌年春に秀秋は岡山に入城した。宇喜多氏の滅亡が関ヶ原役における秀秋の寝返りに端を発したものであることを思えば、秀秋の岡山入城には皮肉な運命が宿されていたといえよう。秀秋は慶長七年十月卒去したが、嗣子がなかったので断絶の悲運をみたので、業績らしいものもなくかつ関係史料

二十日堀

もほとんど皆無に等しい。ただ、領内の諸城を破却して岡山城の補修を行ったとか、二十日堀《はっかぼり》という外堀を作ったことは確かなようであるが、領内検地の施行についてははっきり分らない。秀秋は晩年の宇喜多秀家に似て放鷹《ほうよう》・殺生《せっしょう》のみを好み、国政もみだれ家中騒動も頻発したといわれ、目に余る乱行のうちに若死したが、その死因に奇怪な伝説がかずかず流布《るふ》されている。

家中騒動

二　池田氏の領有

叔父忠継の備前領有

慶長八年（一六〇三）二月姫路藩主池田輝政の第二子忠継《ただつぐ》が、備前一国二十八万石を下賜されたが、ここに池田氏による岡山藩領有の発端がある。忠継の生母は輝政の継室《けいしつ》富子（良正院）であるが、この富子は家康の第二女であったから忠継は将軍の外孫に当り、その備前下賜は「特愛公子」に准じた優遇であったわけである。

父利隆の備前監国

しかし忠継は当時幼少五歳であったから、輝政は家康の許しを得て、長男利隆をして備前の国政を執らせることにし、忠継は姫路に残り兄利隆が同年三月岡山に入城して、慶長十八年六月まで前後約十年間岡山藩政を担当したわけである。

慶長検地

利隆の藩政上の業績として注目されるのは、慶長九年に実施した領内検地である。この慶長検地によって行政的な郡村の境界が設定されるとともに、現実の耕作者が検地帖の名請人《なうけ》として登録され、かくて従来、農奴主的地主が隷属的な下層農民から収取していた私徳《しとく》(小作料)が否定されて、現実生産者が年貢負担者として、領主に適確に把握されたわけである。このように、近世的な本百姓の体制の

夫役の廃止

確立が進められるとともに、兵農分離の完成が期せられ、あるいは夫役《ぶやく》が廃止されて夫銭《ぶせん》(米)が定められ、知行取りの士給人《さむらいきゅうにん》と農民との関係もそれぞれ規定されたことは、『武州様(利隆)法令』などによってうかがうことができる。このような近世化政策が利隆によってつぎつぎに打ち出されていたとき、光政は利隆の長子として岡山城で生誕したのである。

祖父輝政の遺領

さて、姫路藩主輝政は慶長十八年(一六一三)正月、波瀾の生涯を終えて五十歳で逝去し、同年六月家康の命によって、長男利隆には宍粟《しそう》・佐用《さよ》・赤穂の三郡を除く播磨十三郡約四十二万石を、忠継には備前一国に上記の三郡を合せて約三十八万石を、忠雄(母は家康第二女富子)は従前通り淡路約六万石余を領有することになった。従って、利隆・光政父子は岡山から姫路に移住し、忠継が姫路から岡山へ入城した。

叔父忠雄岡山に入封す

ところが、元和元年(一六一五)二月に岡山藩主忠継は十七歳で死去し、嗣子がなかったので弟忠雄が備前一国を、播磨三郡は輝澄・政綱・輝興の三弟にそれぞれ分与された。なお忠雄は備前一国二十八万石のほかに、忠継と相前後して卒した母富子の化粧料であった備中国浅口《あさくち》・窪屋《くぼや》・下道《しもみち》・都宇《つう》四郡の内をも合せて領有することとなり、岡山藩領知高三十一万五千石が確定したわけである。

毒饅頭事件

因《ちな》みに、忠継の死去をめぐって奇怪な伝説がある。すなわち俗に毒饅頭《まんじゅう》事件と称せられるものである。その伝説によれば、良正院富子は先妻の子である長男利

父利隆の死と光政の襲封

因伯両国へ移封

隆を憎んでこれをなきものにし、輝政の遺領を悉《ことごと》く実子忠継・忠雄の両人に相続させようとの謀を企て、元和元年二月五日岡山城中で利隆・忠継両人と対面したとき、口取りの饅頭に毒を入れて利隆に食べさせようとした。そのとき給仕女が利隆の身の上をおもんばかって、手のひらに毒という文字を書いてみせたので、利隆はついにその饅頭に手を出さなかったが、忠継は母の謀を見抜いてみずからそれを奪い取って食べたので、良正院は顔面を蒼白にして、事が意外の不首尾におわったことを憤《いきどお》って、みずから毒の入った饅頭をたくさん食べて即日卒去したといわれ、やがて忠継も発毒して、同月二十三日相次いで死去したという。

さて一方、姫路藩主利隆は元和二年六月十三日、義弟にあたる京都四条の京極丹後守（高広）の邸で逝去（三十三歳）したので、当時八歳であった子光政は一旦遺領を継いだが、翌三年六月、播磨は中国の要地であるから領主が幼少では不都合であるとして、因幡《いなば》・伯耆《ほうき》両国（鳥取県）三十二万石に減封の上で移封させられることになった。かくて、寛永九年岡山に移封されるまで光政は鳥取に在城したわけである。

『忠雄様法令』

さて、岡山藩主忠雄は寛永五年に慶長検地が施行されなかったと思われる諸郡の検地を行ない、また、僅かに残存する『忠雄様法令』によって藩治の一面が知られるが、寛永九年(一六三二)四月三日疱瘡《ほうそう》を病んで卒去し、子勝五郎(光仲)が幼少三歳であったので、幕府は、備前は「手先」の国であるから領主が幼少では叶《かな》わぬとの理由で、ここに従兄弟《いとこ》同志の間に備前と因・伯両国との国替《くにがえ》が行われることになり、

国替

光仲は鳥取へ、光政は岡山へそれぞれ入封することになった。

以上要するに、宇喜多・小早川両氏によって岡山藩は創設されつつあったが、その領域は備前・美作両国にまたがるもので後世の岡山藩域とは著しく異なり、かつその領国支配の実体も過渡的なものであって、幕藩体制下の一藩としての本格的な成立は、慶長八年に始まる池田氏の領有に求められるであろう。そして忠

前池田氏時代

継（実質は利隆）から忠雄にわたる池田氏二代は、いわゆる前《ぜん》池田氏時代に属し、治世も短かく藩政上に格別の業績も認め難いので、岡山藩の実質的な発足は、ともかく寛永九年の光政の岡山移封に求めてよいであろうから、光政を一応岡山藩祖として取り上げることにしたい。因みに、光政以後は連綿と継承されて明治維新におよんでいる。

第二　池田氏の家系

光政を語るためのもう一つの背景として、その家系をさかのぼってたずねることにしたい。

源頼光の流れ

池田氏の遠祖については諸説があるが、『校正池田氏系譜』『寛政重修諸家譜』などによれば、清和源氏の頼光《らいこう》の後裔《こうえい》となっている。すなわち源頼光より四代目の泰政は、鳥羽院の滝口《たきぐち》で美濃国（岐阜県）池田郡本郷村（一説に可児《かに》郡池田村）に居住して池田右馬允《うまのすけ》と名乗り、その子孫代々池田を氏としたという。泰政から九代目

教依

の教依《のりより》は、正平六年（一三五一）同村に竜徳寺を建立したといわれるが、この寺はのちに池田氏の菩提寺になったことがあり、文政年間に岡山藩士が調査した結果、同

教正

寺内に恒利《つねとし》（光政の高祖父）の墓石が確認されたという（『続池田家履歴略記』）。教依の子は教正といい、

その母は内藤左衛門満之《みつゆき》の女で、はじめ楠木正行に嫁《とつ》いだが、正行の戦死後に教依に再嫁したものであるといわれ、かつ、教正は小楠公正行の遺腹の男《だん》であるともいわれる。池田家の諸系譜をはじめとして『寛永諸家系図伝』・『藩翰譜』その

楠胤説

他で、この池田氏の楠胤《なんいん》説を採るものは多く、光政はじめ歴代藩主もこの説を強調している。因《ちな》みに、この池田氏の楠胤説は、幕末維新期に再燃して唱導されるところがあった。例えば、元治元年（一八六四）長州藩主毛利敬親《たかちか》は岡山藩主茂政《もちまさ》あての国事周旋の依頼状に、「貴藩之儀ハ遠く楠廷尉《ていじょう》之余裔《よえい》を継がせられ、弊藩之義も遠祖匡房《まさふさ》を始前後朝家《ちょうか》を輔翼《ほよく》し奉り候末裔に候えば、及ばずながら御同心合力仕り、何事迄も叡慮《えいりょ》御貫徹に相成」るようにと、池田氏が楠氏の後裔である点を

三勲神社

あげて勤王運動への協力を求めている。また、明治三年（一八七〇）岡山に三勲《さんくん》神社が建立されたが、その祭神は和気清麿・楠木正行・児島高徳《たかのり》の三体であって、ほかの二者は「備前国人」の故をもってであるが、楠木正行は「池田家ニ於テ由緒モ

コレ有リ候ニ付」いてであった（『史料草案』）。ただし、この楠胤説に対して『校正池田氏系譜』その他疑義をはさむものもあり、かつ系譜の性質からしてその真疑は容易に断定し難いものであろうが、ともかく、この説は広く天下に公認された形で最も有力なものである。要するに、池田氏は平安末期頃から美濃国池田郡の住人として知られ、おそらくは地頭的小土豪であったと推測してよかろう。

恒利

教正から五代目の恒利（法号養源院）におよんで事蹟はやや明らかになる。すなわち、恒利は江州（滋賀県）一宇野城主滝川美作守伴《ばん》貞勝の男で、のち教正から四代目の池田政秀の婿《むこ》養子となり、将軍足利義晴に仕えて従五位下紀伊守に進み、享禄元年（一五二八）京都の乱をさけて尾張国（愛知県）に移ったといわれる。

信長の乳母養徳院

恒利の室は政秀の娘で法号を養徳院といい、天文五年（一五三六）信長の乳母《めのと》となって厚遇された女丈夫《じょじょうぶ》である。

曾祖父信輝

恒利の子信輝（恒興、勝入《しょうにゅう》と号す）は幼少から織田家に仕え、信長の乳《ち》兄弟であったからその遊び相手に選ばれた。その後、戦功をたてて一方の侍《さむらい》大将になり、将軍義輝と主君信長の偏諱《へんき》（諱（いみな）の一字）をもらって恒興を信輝と改め、永禄九年（一五六六）尾州（愛知県）木田城に移って三千貫を、元亀元年（一五七〇）同国犬山城主として一万貫を領し、ついで天正七年（一五七九）には、摂津（大阪府・兵庫県にまたがる）で約十万石を下賜されて大阪に在城し、同十年には柴田勝家・羽柴秀吉・丹羽《にわ》長秀らとともに、

四宿老の一人

織田氏の四宿老の一人となり、翌十一年には秀吉に味方して柴田勝家・織田信孝を滅ぼして、美濃大垣に在城して約十三万石を領し、その翌年秀吉が北畠信雄《のぶかつ》を討とうとしたとき、秀吉に味方すべきか織田方につくべきかの二途に迷ったとき、長臣伊木清兵衛の建言と、尾張・美濃・三河（愛知県）三国の進物をもってする秀吉からの勧誘とによって、ついに織田方から離れていった。そして同年の長久手《ながくて》の戦

長久手の戦い

いには、一万二千人の手兵を率いて一番手となり、激戦のはて四十九歳になった信輝は二十六歳の長子之助《ゆきすけ》とともに戦死し、遺骸は上記の竜徳寺に葬られたという。

祖父輝政

信輝の第二子輝政（三左衛門）は、天正十二年秀吉の命で父の遺領を相続して大垣在城となった。一説によれば、秀吉は信輝の在世中の心中を疑って、その遺領を没収して、むしろ信輝の老臣伊木清兵衛に六万石を与えんとしたが、伊木の固辞と懇請とによって輝政に父の遺領を相続させたという。池田氏の家運もつぎつぎに危機に見舞われたことがわかる。さて、輝政はやがて岐阜城主十万石に転じて侍従となり、同十五年には秀吉の命で、氏を羽柴と改めて羽柴三左衛門と名乗り、翌十六年さらに姓を豊臣と改めた。

吉田侍従

ついで天正十八年小田原攻めの後、東三河四郡十五万二千石を領して、吉田（豊橋）に在城して吉田侍従と称した。慶長五年六月家康が上杉景勝を征伐するときには、輝政もこれに味方して奥州に出陣し、岐阜城攻略にも家康方に忠勤をはげみ、もちろん関ヶ原役には東軍に加担し、その恩賞として播磨五十二万石の大名として姫路在城となった。このとき、従前の羽柴氏・豊臣姓をともにすててもとの池田氏に復している。なお、輝政が播磨一国を領するにいたった経緯はつぎのようにいわれている。はじめ家康は、播磨か美濃か両国のうち輝政の望みに任すべきことを内命したので、輝政は老臣たちの意見を求めたところ、ほとんどの老臣たちは中国は不案内であるからとて、ゆかりの深い旧領の美濃を一致して主張したが、伊木老臣のみが播磨を強く主張して譲らなかった。伊木の意見は、「一播磨・二越前」の諺《ことわざ》にあるように播磨は、「大上々」の国であり、西に備前を南に淡路をひかえて、永世の基業を起すべき地であるのに比して、尾張・美濃のあたりは東西の戦場と化しやすく、末代まで関東から制せられてその発展は望むべくもないというにあった。この伊木の卓見に従って衆議が一決したことは勿論である。恐らく伊木は、永禄から天正にかけてのにがい合戦の体験に基づいて、巨視《きよし》的にみた天下の形勢を洞察しての信念を披《ひ》瀝《れき》したことであろうが、これまでもたびたび池田氏の危機を救った彼は、いままた、その永世発展の基盤をすえる役を果したというべきである。上記のように、

播磨領有の経緯

伊木の進言

輝政の勢力圏

輝政の二子が相ついで備前・淡路を領有したこと、および弟長吉の因幡四郡六万石の下賜は、播磨の輝政を中核とする池田氏勢力圏の族縁的な拡張であり、かくて西国における輝政の地位を強大かつ不動のものにした観があった。しかし池田氏は、もともと織豊政権に取り立てられて大をなした外様《とざま》大名であり、その威勢の強大化に対して将軍家康は不安の念を禁じえなかった。家康の対輝政政策は手ぬかりなく進められたにちがいない。すでにその手は、父信輝が秀吉に従って家康と戦って討死した、長久手の役から十年目の文禄三年（一五九四）にみられる。すなわち、輝政の室であった中川瀬兵衛清秀の娘糸子は、文禄三年長子利隆を生んだのち病気保養のため実家に帰ったが、これは離縁も同然であったと思われる。かくて、同年八月に小田原後家《ごけ》（北条氏直に嫁したが小田原没落によって後家となる）と称せられた家康の第二女富子が輝政の継室《けいしつ》となった。これは明らかに、輝政を秀吉の麾下《きか》から離脱させて自己の陣営に組み入れんとする政略結婚と考えられよう。

家康の輝政対策

小田原後家

その後も家康からは、牽制《けんせい》と懐柔《かいじゅう》の両手が織りまぜられて加えられたが、輝政は必ずしも徳川一辺倒《いっぺんとう》ではなかったと思われることは、慶長十八年の輝政死去の報に接した豊臣秀頼の老臣たちが悲歎して、「輝政は大阪の押《おさ》へなり。輝政世にあらん限りは、関東よりは気遣《きづか》ひなく、秀頼公の御身の上無事成るべし。輝政卒去の上は大阪は急に亡《ほろぼ》さるべし……」(『埋礼（うもれ）水』)と語ったといわれることからも裏書されるであろう。ともかく輝政の西国《さいごく》における大御所《おおごしょ》としての権勢は、「神君《しんくん》の婿」であることで加重されて比類なきまでに高まり、播・備・淡三国の実質的な領主として、百万石の「西国の将軍」とまで謳《うた》われ、光政も関ヶ原役後における祖父輝政の声望を伝聞して、つぎのように一門・重臣に語ったことがある。

輝政様御威勢夥敷《おびただしき》事にて候。姫路の事は置き、備前へも諸大名上り下りに寄られ、又輝政様駿河へ御越之節にも、尾張様・紀州様など阿部川迄迎に御出成されし由也。(『有斐録』)

輝政の死

外様のひや水

秀頼の書状

それだけに輝政の死は池田氏一門にとっては大打撃であり、また運命の岐路ともなった。利隆および忠継以下の異母兄弟の間に介在して、継室富子が家督争奪の陰謀を計ったことは前に記したが、幕府は輝政遺領の諸子への分割領有を命じて、その勢力の分散・弱小化を計るとともに、中川氏の血統をもつ長子利隆ひいてはその子光政に対する態度は、いわゆる外様大名に対する冷厳なものとなった。例えば、大阪の陣における利隆に対する幕府の態度をみよう。大阪冬の陣のはじまる直前の慶長十九年秋、秀頼から利隆へ兼光の刀を添えて書状がとどき、こんど大阪方に味方するならば大国を三ヵ国望みのままに与えると認《したた》められていた。利隆は刀は返上し、書状は本須《もとす》勘左衛門を使者として京都所司代板倉伊賀守勝重のもとへつかわしたところ、勝重は使者に向って、もし利隆に関東に対する二心《ふたごころ》がなければ、秀頼からの書状は密封のまま差しだすべきであるのに、いま開封・披見したものを出すところをみれば、書状の内容が意に満たないものであったからで、もし心に叶《かな》うものであったら大阪方へ味方する考えであったかも知れない、さだめて利隆には異心があるものとして将軍へ申達しようと、猜疑《さいぎ》にみちた意見を示したので、使者は、利隆に異心のないことを極力弁明してようやく勝重の疑いを解いたという。

尼ヶ崎合戦

また冬の陣の緒戦《ちょせん》であった尼ヶ崎（兵庫県）合戦で、大阪方を立ち退《の》いた片桐且元への救援に手落ちがあったとして、その次第が且元から京都所司代を経て家康へ注進されたので、憤怒した家康は、且元を見殺しにした子細を糺明するように所司代に厳命した。利隆はつぶさに事情を調べた上、あくまで要衝《ようしょう》尼ヶ崎を堅守せんとして且元を救援しなかった所以《ゆえん》を上聞に達したので、このときは懇《ねんごろ》の上意があって無事にすんだという（『埋礼水』）。

減封

このほか、輝政の遺領相続においても、利隆が継いだのは五十二万石のうち四十二万石であり、八歳であった子光政は幼少の理由で、四十二万石をさらに十万石減封され、かつ山陰の僻地《へきち》に移された事実は、すべて一貫した幕府の冷遇とみなされよう。

第三　光政の誕生と幼少年時代

一　誕生

光政の誕生

母鶴子

将軍家よりの祝賀

光政は慶長十四年（一六〇九）四月四日岡山城に生れた。父はその弟忠継に代って岡山に在城して備前二十八万石を治めていた利隆で、光政はその第一子である。母は榊原《さかきばら》式部大輔《たいふ》康政の第二女鶴子（法号福照院）で、将軍秀忠の養女となり、慶長十年五月三日利隆に嫁《か》した。光政が生れたとき、父利隆は二十六歳、母鶴子は十六歳であった。このとき将軍家より男子出生の祝賀として、牧野豊前守信成を使として利隆に時服《じふく》・白銀を、光政には青江《あおえ》の刀・信国の脇指《わきざし》を賜わり、母鶴子は「湯沐之《とうもくの》邑《ゆう》」（その地の賦税をもって化粧料にあてる）として、備中国小田《おだ》郡の内で千石の地を与えられた。

幼名幸隆

光政は幼名を幸隆《よしたか》といったが、元和九年（一六二三）十五歳のとき元服をし、将軍家光の諱《いみな》の一字をもらって光政と改めた。芳烈《ほうれつ》公または単に烈公というのは諡《おくりな》である。ただし通称を新太郎といい、寛永三年（一六二六）左近衛権少将に任ぜられたので、世人は新太郎少将と称した。光政自身は終身ほとんど新太郎の名称を用いたが、あるとき諸大名の間で、新太郎という名はどうかと思われるから改めたらどうかと物語があったとき、光政は、ちかごろ江戸の町を通ってみれば鍛冶《かじ》職人で大和守とか、鏡磨《かがみみがき》で何の大掾《だいじょう》とかの名を称するものもあるぐらいで、名前などに大して望みもなく、また有難いとも思わぬ、と答えたといわれる。従って、道《どう》中《ちゅう》の門札にも備前少将という称号はつけなかったという（『仰止録』）。このように一生涯新太郎の称を用いたというところに光政の性格の一端もうかがえよう。

新太郎の名称

二　幼少年時代

弟恒元誕生

慶長十六年（一六一一）光政は三歳のとき、はじめて江戸へ下って将軍秀忠に初見参《はつけんざん》し、将軍から国俊《くにとし》の脇指《わきざし》を賜わった。この年に弟恒元《つねもと》（備後守）が誕生した。この恒元はのち慶安二年（一六四九）播磨国宍粟《しそう》郡三万石の領主になった人で、光政のためにはいろいろの面でよい弟であった。五歳のとき祖父輝政が卒したので、光政は父利隆とともに岡山城から姫路城に移住した。

家康、光政の非凡に感嘆

この年はじめて、家康に見参して脇指を賜わったとき、つぎのような逸話がのこっている。家康は光政を膝もと近く召して髪をかきなでながら、「三左衛門（輝政）の孫よ、はやく立派に成長されよ」と言葉をかけたとき、光政は拝領した脇指を取り上げてするりと抜いて、じっと見つめて、これは「真《ほん》ものじゃ」と語った。このとき家康は、あぶない、あぶないと言って手づから鞘《さや》におさめ、さて光政が退出したあと、「眼光のすさまじき、唯人ならず」と感嘆したという（『率章録』）。たしかに光政は幼時から、物事を見抜く非凡《ひぼん》の素質をそなえていたようである。

二人の師傅

そのうえ、賢母の誉れの高かった榊原氏の保育と、師傅《しふ》であった古田栄寿尼《えいじゅに》・下《しも》方《かた》覚兵衛両人の輔導《ほどう》とによって、光政の天性はますます磨《みが》かれたものと思われる。

古田栄寿尼

栄寿尼は信輝に従って長久手で陣歿した古田甚内《じんない》の妻で、利隆の乳母《めのと》となりまた光政養育の任にもついたところの、智勇兼備の女丈夫《じょじょうぶ》であった。利隆から栄寿尼

栄寿尼への手紙

へのたびたびの消息《しょうそく》にも、光政のことに言及して安意をもとめたものがかずかずあり、光政もまた元和九年（一六二三）八月一日づけの手紙で次のように述べている。

御文たまはりまんぞく申候。そこもと別事なく候よしまんぞく申候。此もとかわる事も御ざなく候。われ〳〵も一だんそくさい（息災）の事に候。うへさま（将軍家光）廿五日に御さんだい（参内）あいすみ申候。われ〳〵はいまだくらい（位）につき申さず候ゆへ、御とも申さず候。御くだりもやがてのやうに申候まま、しやはせ（仕合）よくわれ〳〵もくだり候て申候べく候。ゑど（江戸）にもなに事なきよし御申こし候まま、こころやすく候べく候。かしく。

八月一日　　よし隆（花押）

かへすぐ、此かたかわる事なく候まま、きずかい《（気遣）》まじく候。かしく。

ゑいじゆ《（栄寿）》参《まいる》　　しん太《（光政）》

同年七月二十七日に、家光は将軍に補せられ正二位内大臣に昇進したが、やがて光政も四位侍従に任ぜられた。この手紙はその間の消息を伝える中にも、光政の栄寿尼に対する親しみがこめられている。栄寿尼は寛永六年（一六二九）八月に死去したが、そのとき光政は同尼の子斎《さい》あてに、「永寿被二相果《あいはてられ》一候由、其方力落察入《さっしいり》候。誠不憫成仕合《ふびんなるしあわせに》候。為レ志《こころざしとして》銀子拾枚遣《つかわし》候」と弔詞《ちょうし》を送っている。

下方覚兵衛

下方《しもかた》覚兵衛は小早川秀秋の家臣であったが、慶長七年秀秋卒去ののち池田氏に召し抱えられ、同十六年三歳になった光政の傅役《ふやく》を命ぜられた。覚兵衛は幼少にして父にわかれ母とともに他人に寄食《きしょく》し、つぶさに艱苦《かんく》をなめ情誼《じょうぎ》を知り、また諸国の風俗・人情にも精通していたので、その経歴・人物を認められて、光政の師傅《しふ》に任ぜられたものと思われ、夫妻ともに幼少の光政をよく守りたて、福照院(光政母)および光政からも恩遇《おんぐう》にあずかったようである。利隆が光政および恒元二子の輔導について、覚兵衛に与えた文書が残っているので左に紹介しておこう。

新太郎(光政)
三五郎(恒元)
万《よろず》ぎやうぎ(行儀)の事

一、大ざけ(酒)のみ申まじき事
一、こがたな(小刀)さいく(細工)の事
一、大くるい(狂)の事

みぎのとをり少もちがい申候はば、みな〳〵こせう(小性)どもにかかり申候へば、そのぶん(分)こころへ申候べく候。かしこ。

かくひやうへ(覚兵衛)どの

ともかく光政は、幼少の時から鋭い眼光を持ち、英敏な素質をうけていたよう

板倉に治国の要道をきく

であり、しかもこの性格は彼の一生涯に貫かれたものといえるが、大国の領主としてより高い治国の道を探求する過程において、いろいろ深刻に自省することもあって、幅のひろい円熟したものへと成長していった。光政が十四―五歳のころ、京都所司代であった板倉伊賀守勝重に、治国の要道についてたずねたことがある。そのとき勝重は、四角な箱に味噌《みそ》を入れてまるい杓子《しゃくし》をもって取るようにすればよいだろう、と答えた。光政はしばらく考えたあげく、「隅《すみ》の行届きがた

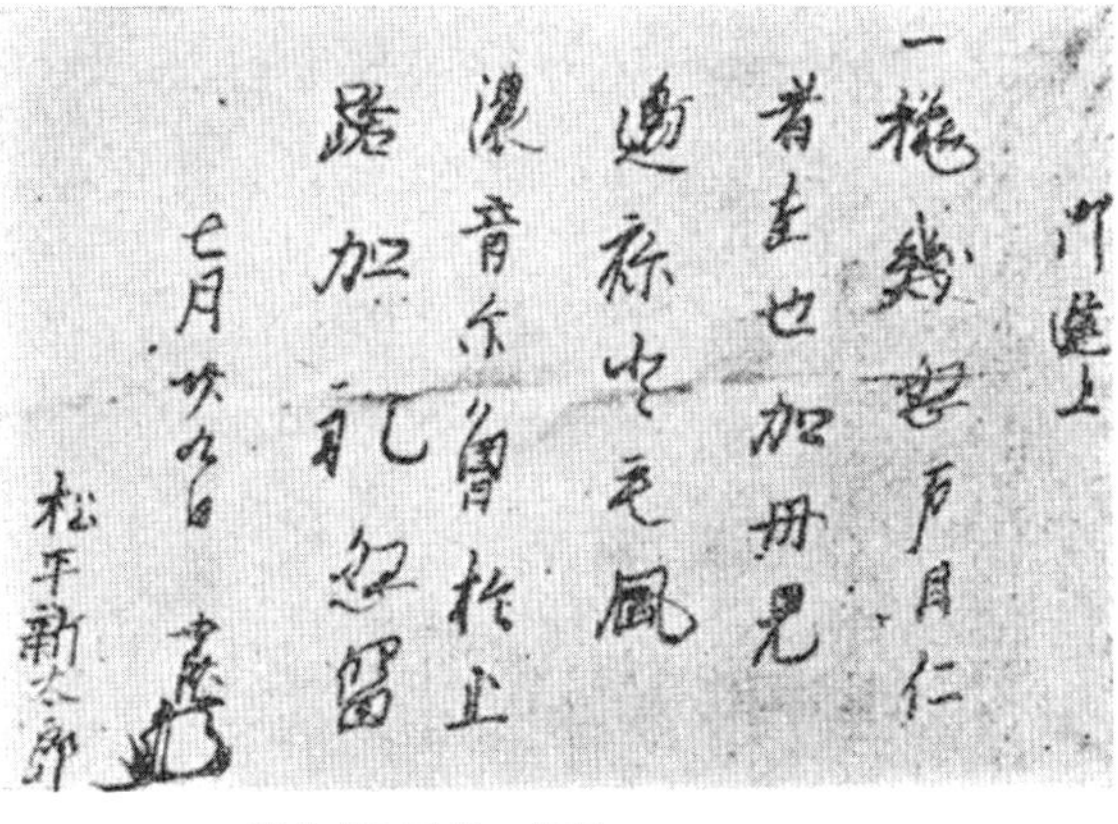

光政幼年時代の筆蹟（旧池田家蔵）

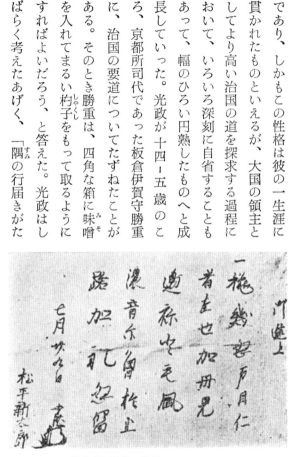

きを如何《いかが》し候べき」と不審《ふしん》をいだいたので、勝重は膝をのりだして、光政のような明敏《めいびん》な君主は、おそらく国中をすみずみまで罫《けい》（たてよこの線）をひきつめたように思われるだろうが、大国の政治はそのように厳重なやり方だけではおさまらぬと考えて、さきほどのように答えたわけであるが、予想通りに不審をいだかれた。国事は寛容の心をもって処理せねば、人心を得ることはむつかしいものである、といって落涙したという（『有斐録』）。この逸話からすれば、勝重は真に光政の性格を正しくつかみ、その上に立って適切に治国の道を教導したものと思われ、光政もまたその後年の言行からみれば、よく勝重の教訓を身に体して反省するところがあったというべきである。のちに記す彼の修学は、この点に関して重要な意味をもつものといえよう。

寛容の心

父利隆の死

　さて、父利隆は慶長十九年から元和元年（一六一五）にかけての大阪の陣に参戦したが、翌元和二年六月十三日妹茶々子《ちゃちゃこ》の夫である京極丹後守高広の京都の邸で三十

遺領相続

三歳で卒し、妙心寺護国院に葬られた。法名は興国院殿《でん》俊岳宗傑大居士《こじ》。翌十四日幕府は加判（老中）酒井忠世《ただよ》・土井利勝《としかつ》を上使《じょうし》として、利隆の遺領播磨十三郡四十二万石を光政に相違なく下した。ときに光政は幼少八歳であった。ところが翌三

因伯へ移封

年三月六日、幕府は光政の幼少を理由に、因幡・伯耆の両国あわせて三十二万石に減封して国替を命じ、姫路城主には譜代《ふだい》の本多忠政をすえた。かくて八月家臣たちは姫路から鳥取に移り、光政は翌四年二月江戸を発して三月十四日鳥取に入城した。因《ちな》みに、因・伯両国の小領主たちは、例えば池田長幸《ながゆき》（輝政の甥）は備中松山へ、亀井政矩《まさのり》は石見（島根県）津和野へ、山崎家治《いえはる》は備中成羽《なりわ》へ、それぞれ移封させられた。鳥取城主となった光政の後見人《こうけんにん》には叔父忠雄がなり、家老の池田出羽は米子《よなご》城（伯耆）伊木長門は倉吉《くらよし》城（因幡）、日置《ひき》豊前は鹿野《しかの》城（因幡）をそれぞれ預かり、国務は智勇兼

因伯の悪条件

備の日置豊前と土倉市正《とくらいちのかみ》の両人がつかさどることになった。従前の播磨は繁華富《ふ》饒《じょう》の地であったが、因・伯両国は僻辺《へきへん》かついままで小領主が割拠《かっきょ》していたところ

であるから、万事につけ不自由であり、生産力も低く貢租も予想外に少なかった。

直高の制

このような悪条件の上に、新領主光政が直面せねばならなかった難問題は、約十万石の減封にもかかわらず播磨時代そのままの家臣を抱《かか》えていたので、どのように土地を分け俸禄を与えるかということであった。しかし結局のところ幕閣《ばくかく》の指示通りに、物成《ものなり》の率三ツ七歩（収穫高の三割七分）をもって播磨時代と同等に領内の高（直高（なおしだか）という）をかりにきめて、家臣に配分することとした。従って、家臣への実質的な給与は、播磨時代の約六割に切り下げられたことになった。また小禄の士はせまい城下に居住することがむつかしく、村里に土着して引きこもるものも多く、そのため士と百姓との間に、田畠を争うような事件まで発生するにいたったので、いよいよ元和五年正月から鳥取城の増築がなされることになった。

鳥取城の増築

この工事は日置豊前の計画にもとづき、領内から余すところなく夫役《ぶやく》を徴して三ヵ年を費やして竣《しゅん》工《こう》した。すなわち、もとの川を埋め外側に新川を掘って外堀《そとぼり》とし、士《さむらい》屋敷・町家ともに拡張して、池田長幸《ながゆき》六万石の城下は、ここに三十二万石のそれにふさわしいものに整備された。

光政と改名

元和六年には大阪城壁の修築の命をうけ、日置豊前などが交代でそのことにあたった。ついで同九年には将軍家光の上洛にしたがい、このとき十五歳の光政は元服し将軍の偏諱《へいき》を賜わって幸隆《よしたか》を光政と改め、かつ四位侍従に任ぜられ、寛永三年（一六二六）八月には再び将軍の上洛に随行《ずいこう》し、左近衛権少将に任ぜられ、同九月後水尾天皇の二条城行幸に際しては、光政もつぎの和歌を献じている。

後水尾天皇に和歌を献ず

嶺《みね》に生《お》ふる松の千とせも取そへて君がよはひを契《ちぎる》くれたけ

結婚

さて、去る元和九年将軍秀忠から仰せつけられていた本多勝子（円盛院）との婚儀が、いよいよ寛永五年正月二十六日に取り行われることになった。勝子の父は本多中務大輔忠刻《ただとき》、母は将軍秀忠の女千姫（天樹院）であり、秀忠の養女として二十歳の光政に嫁すことになった。この婚儀によって、将軍家と池田氏との関係は一段と深くなり、そのことはとくに光政の幕府に対する関係に顕著にあらわれるが、そのことについては後にふれるであろう。

鳥取藩主としての光政の業績には、かずかずのみるべきものがあったと思われるが、寛永五年執政日置《ひき》豊前がいた鹿野城の火災で、代々の記録など残らず焼失したために未詳《みしょう》な点が多いのは遺憾である。

第四　岡山移封

叔父忠雄の死を悼む

寛永九年（一六三二）四月三日叔父の岡山城主池田忠雄が逝去したとき、当時鳥取に帰城していた光政は、亡き叔父を悼んでつぎの歌をよんでいる。

　うきにそふ涙ばかりをかたみにて
　　みしおもかげのなきぞかなしき

なお、光政自筆の右の歌は、忠雄の菩提寺清泰院（岡山市）に現存している。

因伯と備前の国替

翌五月急に関東に召されたので光政はあぶつけ（鐙（あぶみ）付け）の馬に乗って道中を急行したという。江戸に到着するやいなや、酒井雅楽頭《うたのかみ》（忠世）が上使となって、忠雄の嗣子勝五郎（光仲）が幼少（三歳）であるとの理由で、因・伯両国と備前との国替が命ぜられた。このたびの国替は従兄弟《いとこ》同志の間で行われたものであるが、良正院

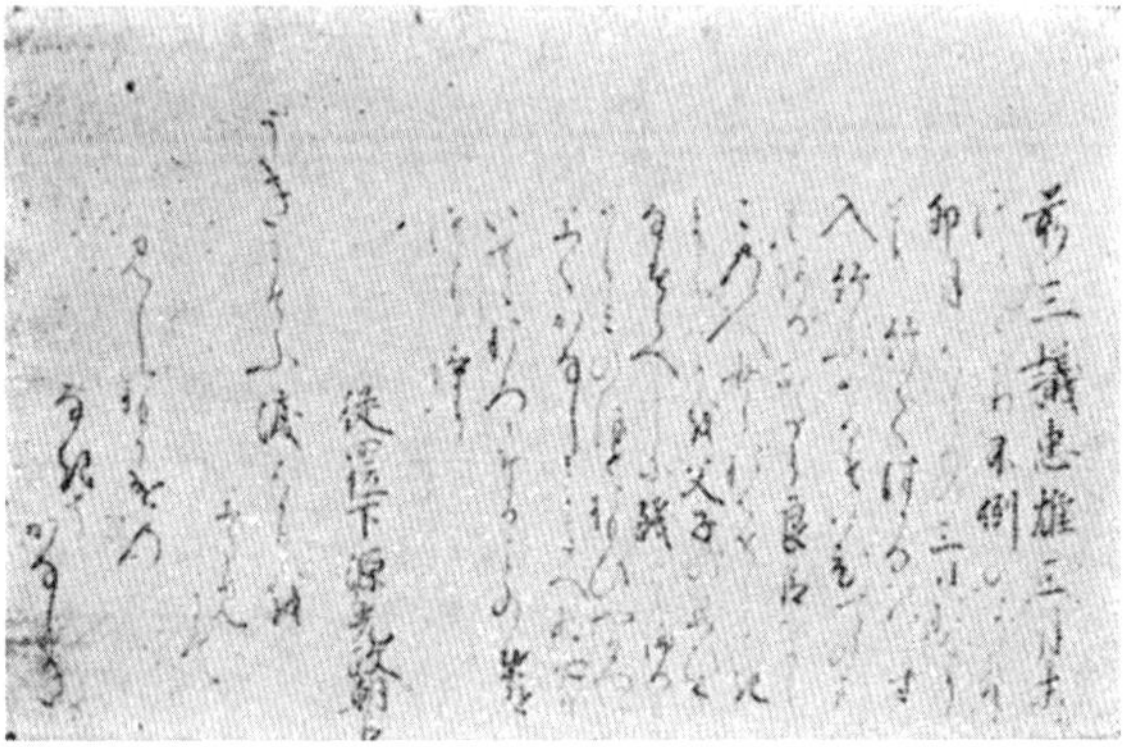

池田光政の筆蹟（岡山市，清泰院蔵）
寛永9年4月3日死去した叔父忠雄（岡山藩主）を悼むもの

前三議忠雄三月末つかたより不例のよしにて、卯月はしめの三日おはりとり給て、はかなきかすに入給ふめるそいひてもあまりある。あたら良臣そかし。この人世におはせしとき、ましハりを父子の思ひになすらへしに、残とゝまるうらミのほとおもひやるへし。かくかなしミにたへぬ心よりいてゝ、おろかなることの葉をつくり侍り

従四位下源光政朝臣

うきにそふ涙はかりを
かたみ
にて
みしおもかけの
なきそ
かなしき

の孫である勝五郎にとっては、朱印高の同じ封地への転封であるから、かなりの優遇であり、また光政にとっては、同高の領地ではあるがより好条件の瀬戸内地域への移封であるから、これまたなにがしかの好遇を得たものといえよう。

岡山移封の有様

さて、この国替が如何に行われたかについては、『池田家履歴略記』にかなり詳記されているので、参考のために簡単に紹介しておこう。国替にあたっては幕府から横目衆《よこめしゅう》が臨検するので、同六月光政は早速にその接待役を定めるとともに、士《さむらい》屋敷を荒させぬこと、領内の竹木は一切伐らせぬこと、寺院および町在《まちざい》の戸・障子《しょうじ》・畳《たたみ》以下を買い取らせぬこと、などの定書を出し、一方では、岡山城の請取《うけとり》その他の諸役人を任命するとともに、岡山城下の家改《いえあらため》を命じて、それぞれ幕閣に報告した。さらに因・伯および備前両方の物成《ものなり》高を書き上げ、移封にともなう年貢徴収に関する老中の指示を得ている。かくして、七月に入って家老伊木長門以下が岡山城を請け取り、光政も江戸を発駕《はつが》して大阪から白鷗《はくおう》丸に乗船し、八月十二日に岡山に入城した。家臣たちも同月十八日残らず移住を終った。新たな領国への移転を完了したので、まず、郡奉行《こおり》十人・町奉行三人および横目十六人・作事《さくじ》奉行四人を任じて藩政の第一歩にとりかかり、また鳥取との間に書翰を交換して、譜代《さだい》の男女をどのように解放すべきか、などについて打ち合わせをしている。岡山では同十二月から諸士の知行所《ちぎょうしょ》の割り付けが行われ、それぞれ知行折紙《おりがみ》を下賜した。岡山大学附属図書館所蔵の池田家文書の中に、八畳敷ぐらいの大きさの岡山城下の地図があるが、これは忠雄時代のもので屋敷ごとに家臣の姓名が記入してあり、その上に張り紙をして光政の家臣の姓名が書かれている。これは移封のときの家中の屋敷割りを示す興味ある資料である。

屋敷割り

寛永十一年には長女奈阿子《なあこ》（本多下野守忠平の室）が誕生し、またこの年熊沢蕃《ばん》山《ざん》が十六歳で仕官しているが、蕃山については後にふれたい。同十三年には次女輝子が生れた。この輝子は慶安二年（一六四九）将軍家光の養女になって、一条右大臣

次女輝子一条家へ嫁す

教輔《のりすけ》に嫁したが、この婚儀に輝子の祖母にあたる天樹院の力の入れようは格別であった。このように、池田家と一条家とは姻戚《いんせき》関係をもつことになったので、光政は参勤《さんきん》・帰国の途上、しばしば一条家に立ち寄って要談するようになるが、この貧乏公家にたいする財政的援助は一つの負担ともなった。なお一条家との縁組は、幕府にとっては間接的な対朝廷政策と考えられたかどうか分らぬが、光政としてはその朝廷尊崇の心の表現と認められないだろうか。ともかく幕末尊攘運動の渦中にあって、岡山藩が薩・長両藩についで国事周旋の舞台で活躍するようになるのは、一条家を通じての内勅の下達によったことは明らかである。ついで同

長男綱政の誕生

十五年正月長男綱政が誕生した。

第五　学問の修業と政治理念

名君としての特質

光政は寛永九年の岡山移封から寛文十二年（一六七二）の致仕《ちし》まで、約四十年のあいだ、後《のちの》池田氏の祖として岡山藩政の確立をはかったが、なお、天和二年（一六八二）逝去するまでの十年間も、西の丸にあって政治に関与したので、実に前後五十年の治績をのこしたことになる。ひろく世評に名君とうたわれた光政の大名としての特質は、一言でいえば、学問（儒学）に裏付けられた政治家であり、専制的であるとともに啓蒙《けいもう》的な君主としての権威性に貫かれているが、その政治思想の基調はあくまでも儒教的な仁政におかれていた。このような大名光政の政治力は、時代とのかかわりあいをもちながら強く藩政全般に反映し、いなむしろ、光政は全藩の先頭に立って政治をリードしたといってよい。従って、彼がどのような政治を行ったかを理解する前提として、その教養・理念がどのように身につけられ、かつどんな性質のものであったか、ということは是非とも検討されねばならない。

一　学問の修業

光政は幼時から、明敏にして非凡な素質の持ち主であったらしいことは前にのべたが、この素質は学問の修業によってどんなに磨かれていったであろうか。

『有斐録』には光政が十四歳のころ学問の道に着目したことについて、つぎのような逸話をのせている。すなわち、この幼君は寝所《しんじょ》に入っても容易にねむられず、暁《あかつき》におよんでようやくまどろむという状態が続いたことがあった。近侍《きんじ》の人々が怪んでその理由を尋ねたが答えが得られなかった。ところが、ある夜からとくに熟睡《じゅくすい》するようになったので、再びそのわけを尋ねたところ、光政はつぎのように答えたといわれる。

学問への開眼

我父祖の蔭《かげ》に依り、かく大国を賜る事分《ぶん》を越たりと思へり。しかれば、此国民をいかがして治め養ふべきと、さまざまに心をつくして思慮せしによりて、久敷《ひさしく》寝られざりき。思ひよりたる事の有レ之とよ。昨日論語を読せて聞しに、予君子の儒《じゅ》となりて国民を教へやすんずべきといふ事をしりぬ。是に決断せし上は、別の思慮もなくよく寝られぬ。

この逸話を十四歳のときのこととすれば、鳥取藩主になって五年目のことであり、ちょうどそのころ光政は、前記のように板倉伊賀守勝重に治国の要諦《ようてい》について質問したともいわれるから、藩政を行う基本的態度についていたく煩悶《はんもん》していたものと思われる。そして板倉からは、大国の領主としてはとくに寛仁の徳が肝要であることを教えられ、みずからも、「君子の儒」となって領民を教導し、かつ安定化を計ろうと決意したわけである。

さて、「君子の儒」という語は『論語』の雍也《ようや》篇にあるが、ここでは、道を学んで独り己《おのれ》を修めるのみでなく、天下をもって自己の任とし、かねて天下を善くしようとするものの意味に解すべきであって、だから己を修め人を治める道を説くところの儒学を、光政はあつく崇敬し遵奉《じゅんぽう》してゆくのである。

治者としての自覚

ともかく、このようにして光政の学問の世界への開眼がなされたが、くり返して強調すべきことは、それは学問への単なる興味からのものではなく、大名政治家として治国の要諦を探求するという、いわば治者としての深刻な自覚に発するものであるということである。光政は常に、一国をよく治めるためには威と恩とがならび立つものでなければならず、そのためには聖賢の教えを稽古《けいこ》することが必須《ひっす》であるといったといわれ、また『有斐録』には、元旦の書きぞめに「儒道興隆天下泰平」の八字を書いたとあるが、これらにも、彼の学問修業の目的が奈辺《なへん》にあったかが明白に示されている。

修学の過程

光政は儒学のうちはじめは専ら王学（心学ともいわれた）を修め、のちには朱学

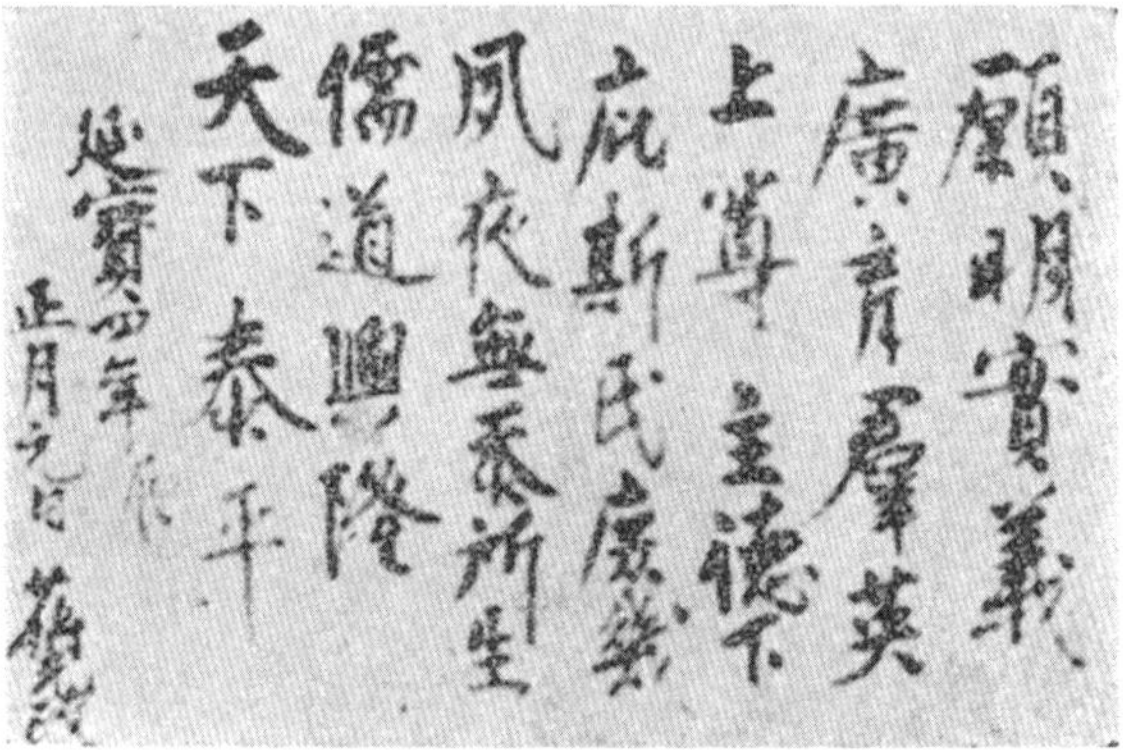

光政の元旦試筆（『池田光政公伝』より）

を尊信したといわれ、そして『率章録』によれば、王学は「親切もって身を修むるに足れりといへども、政事に余りありとせず」との理由から、朱学を「極地《きよくち》」なりとして尊崇するにいたったとつたえられている。この王学（心学）から朱学への転換をめぐる問題は、きわめてデリケートなものであり、かつ幕府に対する政治的な配慮もからまっているから、ここではこの程度にとどめて、光政の修学の過程をたどることにしたい。

『吉備温故秘録』によれば、正保二年

(一六四五)熊沢蕃山は帰参して再び光政に仕えるようになったが、その直後に、光政に陽明学を修めることをすすめたので、近江の大儒中江藤樹を召さんとしたが、

中江藤樹を尊敬す

藤樹は「老母病あり郷境を越え難し」といってことわったので、その子弟および門人が来藩することになった。しかし光政は藤樹を非常に尊敬して、手紙をもっていろいろ議論をかわし、あるいは参勤の道すがら大津(滋賀県)辺の旅宿に招待し、歓待《かんたい》して閑話《かんわ》をまじえ、藤樹の没後はその位牌《いはい》を西の丸に祀《まつ》ったといわれる。また光政の遺品の中には、藤樹筆の「父子有レ親《しんあり》」「致知格物《ちちかくぶつ》」の二幅が含まれていた。

藤樹の子および高弟来藩す

藤樹の長子左右《そう》衛門は慶安四年(一六五一)岡山へ招かれて、賓客《ひんきゃく》として待遇されたが二十二歳で病死し、次子弥三郎も四百石の禄を与えられたが、綱政時代に病気のため致仕《ちし》して帰郷した。しかし藤樹の高弟たちはぞくぞく来藩し、光政の師としてあるいは藩学の指導者として活躍した。その主なるものは、熊沢蕃山・

熊沢蕃山

泉八右衛門(蕃山の弟)・中川権左衛門・加世《かせ》八兵衛などであり、なかでも蕃山は正保四

年（一六四七）に新知《しんち》三百石、慶安三年（一六五〇）には三十二歳で一躍《いちやく》三千石の番頭《ばんがしら》へと破格の昇進をしている。蕃山は当時の諸学者から英才とうたわれ、光政との関係も、「夫《それ》烈公者《は》不生出之英主、得㆓熊沢子㆒而任《ずるに》以㆓国政㆒、明良之遇《ぐうに》実千載之一時也」（「太宰春台より湯浅常山への復書」）とまでいわれ、また光政の蕃山についての王学修業も、「備前源光政信㆓熊沢氏之王学㆒」（跡部（あとべ）良顕の『土津（はにつ）霊神正学記』）と天下にその名はきこえていた。光政

『検過論』

の著といわれる『検過論』の跋文《ばつぶん》や、藤樹の『論語解』の手写抄録などからしても、光政が王学の立場から克己復礼《こっきふくれい》・致良知《ちりょうち》の工夫をかさねたことは明らかであり、常に儒臣を居間に招いて講学させて喜悦にみちたという。

心学の修業

光政は儒学とくに王学（心学）を修めて心意をねり、かつ「仁」の政治を実現しようと努めたが、そのためには彼自身の修業・工夫にとどまらず、自分と志を一つにして仁政を助けることを、その子綱政および重臣たちに期待してやまなかった。

久世広之

光政と学問上の親友であった久世《くぜ》大和守広之《ひろゆき》が、万治二年（一六五九）綱政に向

って、父の仕置《しおき》を守り志を同じうしてゆくためには、是非とも父と同じ心学を修めるようにと忠告したことがあるが、このとき光政は、綱政の介添役《かいぞえやく》である水野宇右衛門・上坂外記《うわざかげき》に対して、綱政が学問（心学）を怠らぬように補導することを要望している（『光政日記』）。

家臣の修学を勧奨す

慶安四年（一六五一）家老池田出羽が、熊沢蕃山が学問上のことをかずかず申し聞かせたが、ちっとも合点《がってん》がゆかずまたなに一つ役に立つこともないと述べたとき、光政は出羽に向って、学問への志がなくて傍観的であれば、そのように思うのは当然のことである、其方も心学を習得しようとする意欲がでれば、蕃山の説くところがよく理解できるのであるから、も少し本気になって学問をされよ、と自発的な修学を勧奨している。ついで家老たちに向っても、心学が国を治める上に有益であることを確信をもって強調している。要するに、当時の光政の学問ひいては岡山藩学は王学（心学）であり、寛永末年に藩校の前身として設置された花畠《はなばたけ》

花園会約

教場に掲げられた「花園会約《はなぞのかいやく》」と題した壁書《へきしょ》も、蕃山の撰文《せんぶん》ともいわれ王学精神が躍如《やくじょ》として溢《あふ》れている。

心学と謀叛の風説

ところが、光政の心学修業は承応元年（一六五二）九月になって、幕府に対する謀叛《むほん》の風説《ふうせつ》を生んで政治問題と化すにいたった。この間の消息を『光政日記』に基づいて述べよう。

酒井忠勝

かねてから、学問をあまり好まない大老酒井忠勝は、光政の心学に対して苦々《にがにが》しく思っていた。同年五月にも酒井は、光政を中心として展開されつつあった岡山藩の集団的な心学修業に対して、「大勢あつまり候所もよう悪候間、門しめ可レ有候。」と、ひかえめに修業すべきことを警告したが、これに対して光政は、心学は大いに有益であるから知音《ちいん》・親類の者には聞かせたく思ったことが、ついに周囲にひろがったもので、もちろん、このように心学が弘《ひろ》まることは本意ではないが、それも致し方がないことで、自分としては十分に自粛すると答えている。

板倉重宗

また同年九月京都一条家で、所司代板倉重宗と会談したときには、板倉は心学に深い関心を寄せて、「此学術ハ天下がそしり候共、是に過たるハ有まじく候」と賛同の意を表明しながらも、一方では、光政の政治的地位を考慮してか、その心学修業に穏便な態度をとるように勧告している。このように幕閣でも

浪人の陰謀

光政の心学が警戒されつつあったとき、たまたま同年九月江戸で浪人別木《べっき》庄左衛門一党の陰謀が露顕し、その詮議《せんぎ》が行われたときに、諸大名の中にも謀叛心をいだく疑いがあるものがいるとして、紀州殿・尾州殿・越後殿・相模殿(鳥取藩主池田光仲)・筑前殿とともに光政の名前が口にのぼり、とくに光政については、彼の心学は「おもてむきハ儒者、内々ハむほん心も候哉《や》」と、逮捕された一味の者が白状したことがある。そこで閣老のところへ、子綱政と弟恒元(播磨宍粟領主)の両人が呼ばれて訓戒されたが、別にそれ以上の嫌疑をかけられることはなくてすんだ。しかしこの事

心学に対する幕府の抑圧

件を契機として、光政の心学は幕府に対して微妙な関係をはらむようになった。その後、承応三年には大老酒井は光政の心学について一そう厳重に干渉し、自身

の修学を禁止することはできぬにしても家中へ弘まらぬようにと厳命し、彼の内命をうけた板倉も心学の価値は認めながらも、酒井の指示に従うようにと勧告している。かくて、光政は事態の急迫に対処して、まず全家老を集めて、彼らが熊沢蕃山に就いて心学を修めようとした心意を賞讃するとともに、現下の形勢では家中一般に心学が流行することを懸念して、家老たちの自主的な修学以外を禁じた。かかる事態に際会して、承応三年夏には備前一帯は未曾有《みぞう》の大洪水・大飢饉に襲われた。この岡山藩の大災害を、光政の心学に結びつけて冷眼視する世評を、板倉重宗が一笑に付したとき光政は、

光政心学の流行を懸念す

光政の自省

其そしりハ実なる事と存候。……我等学問者と有(る)名ハ天下ニかくれなく候ニ、仁政行《おこなう》ハ一ッとしてなく候へバ名過(ぎ)候。此天罰ハのがれざる所ニて候。左様之義ハそしりのやうニ候へ共、一段能(き)教ニて候。

と、自分の学者としての高名を自認するからこそ、学問の目的であるところの仁

光政流

政の実践が乏しく、徒って天罰はのがれることができぬと考えて、世間の非難はかえって良い教訓であると謙遜に自省しているのである。

大老酒井のほかに、幕府内では朱子学の御用学者林道春などが、光政の心学を中傷・非難していたようである（『宍粟日記』）。しかし光政は、板倉のように幕閣の政治的圧力に容易には屈伏しなかった。

なお注目すべきことは、当時家臣の間にも光政の政治を、「心学流」とか「光政流」と名付けて、これを無用視する風潮が認められたことである。このとき家臣に対して、光政はつぎのような教令を下している。

> 此国ハ我国にて候へバ、此国の世間ハ我世間にて候。然るを光政流ハ無用、世間のごとく仕候得《え》とハ、他国に居候と存候哉《や》。但、主ハわきニ候哉。（『法例集』）

この教令からうかがわれることは、光政は自分の修めた心学の信念に基づいて、独自の仁政思想を領国の政治に貫徹せんとしたところの、いわば権威主義に立脚した啓蒙的君主として藩政に臨んだということである。

しかし、上記のような幕府からの執拗《しつよう》な抑圧と、藩内情勢にみられるような家臣の抵抗などによって、藩主としての光政自身の心学も、おのずから内省をせまられていたとみられる。光政の心学の師であった熊沢

蕃山の退去

蕃山は、藩内の複雑微妙な諸事情と、彼自身の思想的立場から、現実の藩政に対して絶望的になっていたと思われ、たまたま山から落ちて右手を怪我《けが》して、軍務

熊沢蕃山の騎馬肖像
(岡山県備前市蕃山(しげやま)正楽寺蔵，天明年間斎藤一興写)

に堪えられなくなったことが動機になって、明暦三年（一六五七）自己の知行地の和気郡寺口村（のち蕃山村と改称）に隠退し、やがて万治二年（一六五九）ごろ（一説に寛文元年）に備前を去って京都におもむいた。蕃山が幕府の忌諱《きき》にふれて迫害をうけたのは、朱学者山崎闇斎とその弟子保科正之《ほしなまさゆき》の路線からでたものといわれているが、これとても、光政の心学に対する幕府側の態度と一脈通ずるものがあろう。その他、中川権左衛門は万治元年病没し、中江藤樹の後継者となった三男季重も相前後して岡山を去った。かくして、備前王学の担い手はつぎつぎにその姿を消していったが、蕃山の離藩はなんとしても最大の痛手であった。

王学から朱学へ

それにかわって、万治元年以来ぞくぞくと朱学者が招聘《しょうへい》されて、岡山藩学はまさに万治期を境として、王学から朱学へ転換した観があった。さて、このような転換の過程において、光政は領主としての現実的な立場から、内外からの抑圧や抵抗の力にただ単に譲歩して、心学一辺の立場をすてたのであろうか。もちろん、領主としての政治的立場を守るものとしては、そのような要素を無視し得なかったであろうが、彼自身の学問的関心の推移ということも否定できないであろう。『率章録』の中に、光政の修学の推移についてつぎのような記事がある。

……王学を学び玉ひしが、親切もつて身を修るに足れりといへども、政事に余ありとせずとて、朱学(を)極地なりとて尊信し給ふ。

そもそも心学は、理が心に内在するという面に主眼をおき、心の内的契機を重んじて道徳的理性をみがくことを本領とするものであるから、人間的な精神練磨には大きな効用があるが、事物の理をきわめるという点からすれば比較的に弱いといえよう。光政の学問修業の目的は、上記の如く大名として国政の要諦《ようてい》を探求することにあったから、心学のみでは現実的な政治の実践には不十分であると意識されたであろうし、従って、理知主義的な立場から事物の理をきわめ、道徳的行為の客観的結果を重んずることを本領とする朱学を取り入れるにいたったことは、いわば光政の修学の必然的な帰結であったとも考えられよう。
　ともかく光政の儒学においては、当初から王学（心学）を専ら修め、それが深化拡大された結果、藩内外からその極端さを論難されるという事態を招き、かつ彼みずからも、治者としての学問的関心を推進するところがあったと思われ、およそ万治期を転機として、朱学中心に推移したものといえよう。しかし後にも述べるであろうが、これによって光政は決して心学を廃したものとは思われない。

朱学者の招聘

　さて、光政は明暦・万治から寛文期にかけて、京都その他から有数の朱学者をつぎつぎに招聘した。その主なるものは市浦清七郎（毅斎《きさい》）・三宅可三・林文内・小原善介（大丈軒）・中村七左衛門（惕斎《てきさい》）・窪田道和（立軒）などで、彼らがやがて藩校の教授となるにおよんで、岡山藩学としての朱学が確立し、延宝以後綱政の時代になると、朱学の最も華やかな時代を現出するのである。

市浦毅斎

　光政の朱学修業を指導した中心人物は市浦毅斎であって、市浦が宝永元年

義利道功

(一七〇四)に撰《えら》んだ『芳烈祠堂記』によれば、光政は董仲舒《とうちゅうじょ》の「義利道功《ぎりどうこう》」の語を愛誦して、これを聖学の要訣《ようけつ》としたといわれ、事実、光政は家臣を教導するに当って、例えば、義を正して利を計るべからずと、義利の弁別を常に強調している。また光政は、市浦が侍講した『大学』の三綱領（明二明徳一《めいとくをあきらかにす》・親レ民《たみをあらたにす》・止二至善一《しいぜんにとどまる》）を重視して、それによって仁政の実践を期したともいわれる。このように朱学の修業によって、光政は一そう明確に実践的な政治理念を把握するにいたったといえよう。

著作と筆写

光政には『大学』『中庸』『論語』などの

光政筆写の四書

要語解の著作や、四書・『孝経』その他多くの儒書の筆写があり、その学問修業は「終始惟《これ》一《いつにして》而至レ老猶《なおう》不レ倦《まず》」（『芳烈祠堂記』）といわれるように、彼の一生涯を貫くものであり、参勤の道中でも、唐桑《からくわ》で作った二つの箱に、みずから朱書をほどこした『毛詩』『尚書《しょうしょ》』『周易』『礼記《らいき》』『論語』『孝経』など十三経の注疏《ちゅうそ》を入れて、肩に担うようにしたものを携行したといわれ、その旅行用文庫の目方は約四〇キログラムにおよんだといわれる。

十三経注疏

光政の学問はもちろん儒学を中核とするものであったが、なお広く和漢書の各方面にわたっていた。すなわち『烈公間語』によれば、『史記』『通鑑《つがん》』などの史書を読んで、中国の政治史をたずねて自戒に資したといわれ、彼の筆写したものは儒書のほかに、『古今集』『新古今集』『八代集』『千載和歌集』百人一首などの歌書は百二点にのぼり、『伊勢物語』『源平盛衰記』『太平記』『徒然草』その他仮名草紙などの和書、『法華経』『三部経』などの経典までをあげれば、ま

儒学以外の学問

『日本書紀』神代巻

ことに枚挙に暇がないほどである。なお、とくに注目されるのは、慶長版の『日本書紀』神代巻を読み、かつ前後四回にわたる書き入れがなされていることである。

自筆の日記

つぎに、光政の著作に類する主なるものをあげてみよう。まず講義解釈として『大学』『中庸』『論語』三書の要語解があり、これらは主として中江藤樹の『大学解』『中庸解』『論語解』に依拠して、多少の変更を加えたものといわれる。光政が王学の立場から、自らの修養工夫の方法として著わしたものに『検過録』(五十八条)があり、自筆の日記(二十一冊)は寛永十四年(一六三七)十月八日から寛文九年(一六六九)二月二日におよぶもので、この前後三十三年間にわたる日記こそ、光政の二十九歳から六十一歳までの貴重な生活記録であるとともに、確立期の岡山藩政史の最重要な史料の一つというべきである。なお、久世大和守(広之)らとの合著『帝鑑評』は、中国古代の帝王に対する評論である。

さて、光政の学問修業は自己一身の教養のためのものにとどまらず、前にも記したように、主として君子の儒となろうとする目的に発したものであるから、彼の政治を補佐すべき「人臣」である家老・重臣たちに対しても、強く修学を督励するところがあった。例えば、寛文六年仕《し》置《おき》家老池田伊賀・日《ひ》置《き》猪右衛門の両人に向って、

……世間ニて申も、我等学文(問)好候ニ両人共ニ志なきハいな(異)事と申げニ候。我等不徳故とハ存ながら、さりとてハ面目なき事と存候。両人ヲ始近習者共、一人も志有者なし。……此段迷惑かぎりなく候。……尤《もつとも》文学などハ不レ成事ニ候。(泉)八右衛門・(加世)八兵衛など折々よびぎろん可レ有事ニ候。(『光政日記』)

と、学問に志すように極力説諭しているのも、要するに、「同志」でなければ万事相談するにも乗り気になれないからである。さらに、この両人に命じて近習の

者たちにも、光政の好む学問を同様に修めて、志を一つにして御用をつとめるように伝達させている。このことが遂には、後に述べるような藩校の設立に発展するわけである。光政の好学は、家中武士のみならず広く領民一般にまでおよんだことは後にもふれるであろう。

蕃山との疎隔

最後に付言しておきたいことは、光政とその心学の師でもあった熊沢蕃山との、その後の関係についてである。蕃山は岡山を退去した後でも、岡山藩政に対して種々の批判や諫言を送っているが、光政との間柄は往年のそれとは全く逆転していたようである。寛文八年頃のものと思われる光政より綱政あての書翰によれば、

光政の蕃山観

「了介《りようかい》(蕃山)言行不レ合《かなわず》、不レ宜《よろしからざる》事共、人伝《づて》にてもなく我等覚候分、頭書《かしらがき》にして見申候へバ凡二－三十ケ条も在レ之。……了介口ニて申ヲ聞候へバ尤《もつとも》之様ニ候へ共、少ニても指出候ハバ、大ニ国之害ニ可レ成候と存《ぞんずる》子《し》細《さい》共多在レ之候。……第一口ノちがい候事、中々つねの物ニしてハつき合ノ不レ成ほど偽多候。高満(慢)人ニすぐ

れ、我が思ふ事ほどよきハなきと思ニより、人ノ言ヲ一円聞不レ入事右如レ申候。……かならずかならず其心得にてちかづけ被レ申まじく候。」とあって、蕃山の言行不一致と高慢を非難して、その説を採用せぬようにと綱政に教えており、あるいはまた、蕃山は高慢にも聖賢の道を、勝手に自己流に解釈するものであるときめつけている。例えば具体的には男色《なんしょく》の問題でも、蕃山は、古聖人の教えの通りに固苦しくする必要はなく、凡俗《ぼんぞく》の好むままにすればよいのであって、要は道学さえ興起するならば本望であると論じているが、光政はこの蕃山の所論に対して、董仲舒《とうちゅうじょ》の「義利道功」の論を引用して、如何にこまかい事柄でも、「義ヲ取リ不義ヲ去」るべきことであるとして、きびしく治者の立場から論難しており、事実、男色不義の見地から相当数の家臣を厳罰に処しているのである。この点にも、光政の治者としての学問観がよくうかがわれるであろう。

二　政治理念

仁政の具現

まえに述べた光政の学問修業は、彼の大名領主としての政治理念の背景であり基盤となるものであった。結論的にいえば、その政治理念は儒教にいわゆる仁の徳を実現せんとする点に帰し、董仲舒の「義利道功」の実践を意味するものであったとされよう。すなわち、光政の政治理念は一口でいえば仁政を具現せんとするものであり、そしてこのような考え方は、当時の封建領主が大なり小なり共通的にもっていたものであり、それがとくに儒学を深く修めたものには、一そう顕著に認められたわけである。例えば会津の保科《ほしな》正之《まさゆき》・水戸の徳川光圀《みつくに》・加賀の前田綱紀《つなのり》、そしてここにいう池田光政のように。

王道の思想

光政は、天―将軍―国主―家臣―人民という縦の支配関係の原理を、儒教的な天道《てんどう》・天命の考え方にもとめて合理化し、将軍を人民支配の最高責任者とみなし、将軍から預けられた領民を治める大名としては、仁政によって人民に知足安分《ちそくあんぶん》の生活をさせることが、将軍への忠であると確信していた。このように儒教の王道思想に則《のっと》って、外形上は身分の差別を明確にするため礼式や序列を尊び、内面的には教学を奨励して治者は徳をもって仁政をほどこし、被治者はそれぞれの身分に応じてもっぱら忠誠と服従を旨とせしめるところの政治思想は、とりもなおさず幕藩体制を維持するための観念的な支柱となっていたわけである。光政が慶安二年（一六四九）に家老・重臣たちへ下した次の「申聞《もうしきけ》候覚」（『光政日記』）は、このような政治理念を端的にあらわしている。

当国ヲ我等ニ被二仰付一候ヲ、私ノ国と少も不レ存候。領分の下々百姓までこつじき（乞食）・ひ（非）人もなく、国あんおんに治候へとも奉行ニ被二仰付一と存候。……国能治《まり》、国さかへ候へバ我等へノ奉公、我等ハ上様（将軍）へ御奉公と存候。

そして、このような仁政の理念を光政は自分ひとりのものにとどめないで、政治にたずさわる家臣たち、とくに領民支配の第一線に立つ郡奉行《こおり》などには、徹底的に浸透《しんとう》させるように努めている。しかし問題は、彼のこのような仁政理念が、その当時の領民支配を中心とした藩政に、具体的にどのように発揮されたかにあるが、これは後に述べる藩政上の事蹟にゆずりたい。

文治と武断の錯綜

要するに光政の政治理念は一面きわめて文治主義的な仁政理念に貫かれたものであったが、他面ではそれと対照的に、強権をもってきびしく統制を加えるという、いわば武断的なニュアンスも濃厚に認められる。このように、武断的なものと文治的なものとの錯綜《さくそう》のうちにも、大局的には、文治的なものへと移行しつつあったと理解すべきであろう。そして以上のことは、光政の生きた時代の特質と

綱政の文治

彼自身の人格とのからみ合せの所産というべきであろうか。因《ちな》みに、元禄期を中心とするその子綱政の代におよんでは、文治的色彩は一段と濃くなってゆくのである。そしてこのような傾向は、幕府においては綱吉の元禄期から、新井白石が

執政《しっせい》した正徳期にかけて文治政治が最高潮に達したのと、多少の年代的なくいちがいはあるにしても、およそ軌《き》を一つにするものといえよう。

対幕の態度

光政は領国の政治を行うにあたっても、もちろん幕令や幕政のルールを尊重しているが、しかし将軍への忠は、領国政治を必ずしも幕政に、一も二もなく随順せしめることを意味したわけではなかった。前にも述べたように、光政は自分が信奉していた心学に対して、幕閣や林家からの圧迫があったが、容易に自己の学問的信念を屈しない芯《しん》の強さを示しており、また、後に述べるキリシタン神道請《うけ》の制度は、幕府からは極端な異例だとして批判されたが、光政はあくまで理論的な正しさを主張してゆずらず、ついに幕府も黙認せざるを得なかったほどである。

芯の強さ

大老酒井への建白八カ条

同様な態度は、寛文八年（一六六八）大老酒井忠清の専権を、忌憚《きたん》なく忠告した建白書にも明らかにうかがわれる。岡山大学付属図書館に収蔵されている『池田家文書』の中には、光政自筆の建白書の草稿があるが、この建白書の八ヵ条の趣は大体次

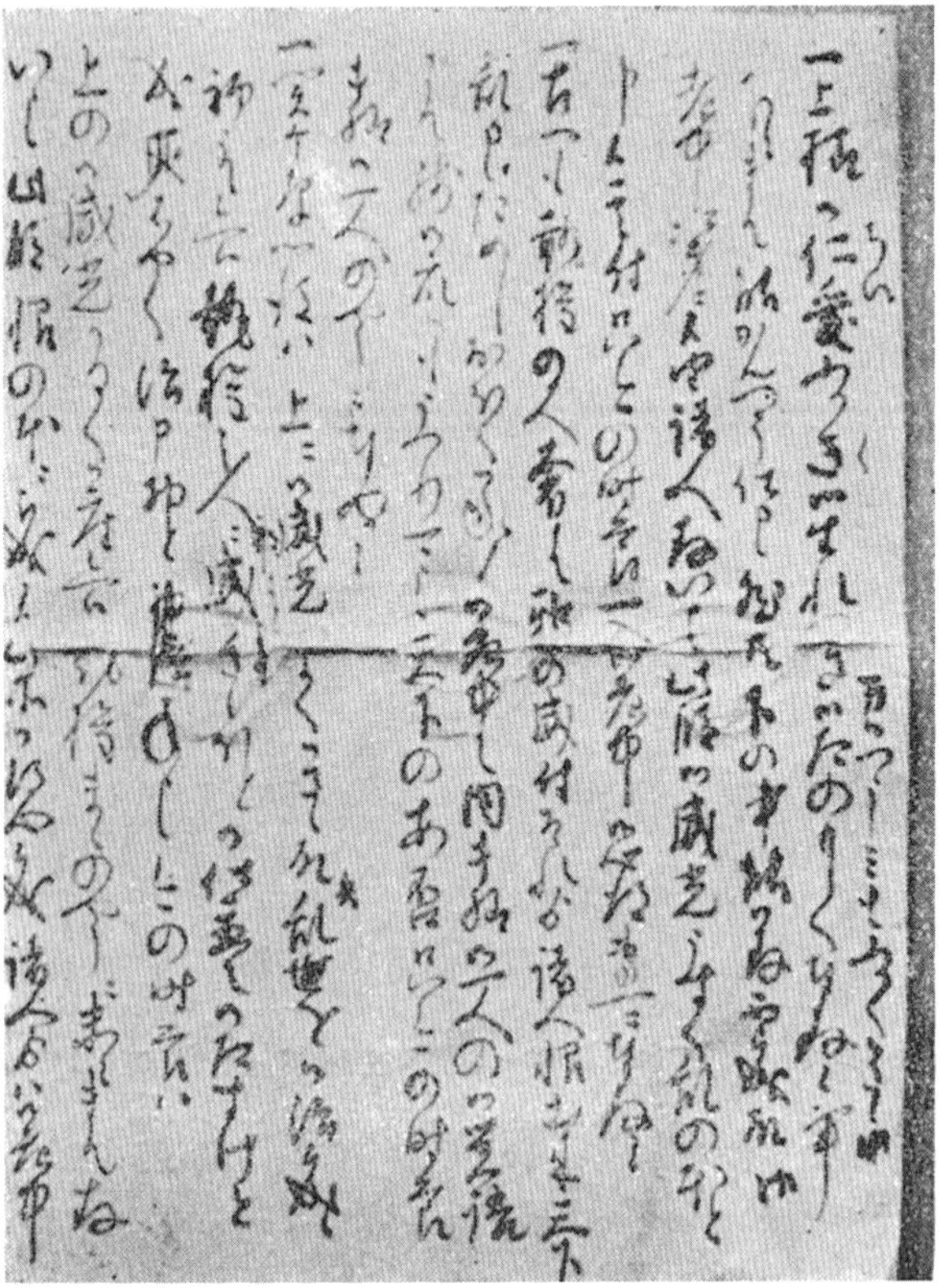

(岡山大学附属図書館蔵『池田家文書』)

一上様御仁愛ふかき御生れつき御たのもしく奉存候事、下々まて能かんつう仕申候。然共下の事能御存不被成故、御老中次第ニ候由諸人存い申候。此段御威光うすく乱の本と申候。其付只今の時節一入御老中御心得専一ニ奉存候。

一古へも執権の人奢候て邪の威付、それより諸人恨出来天下乱申候ためしおほく承候。御老中之内貴様

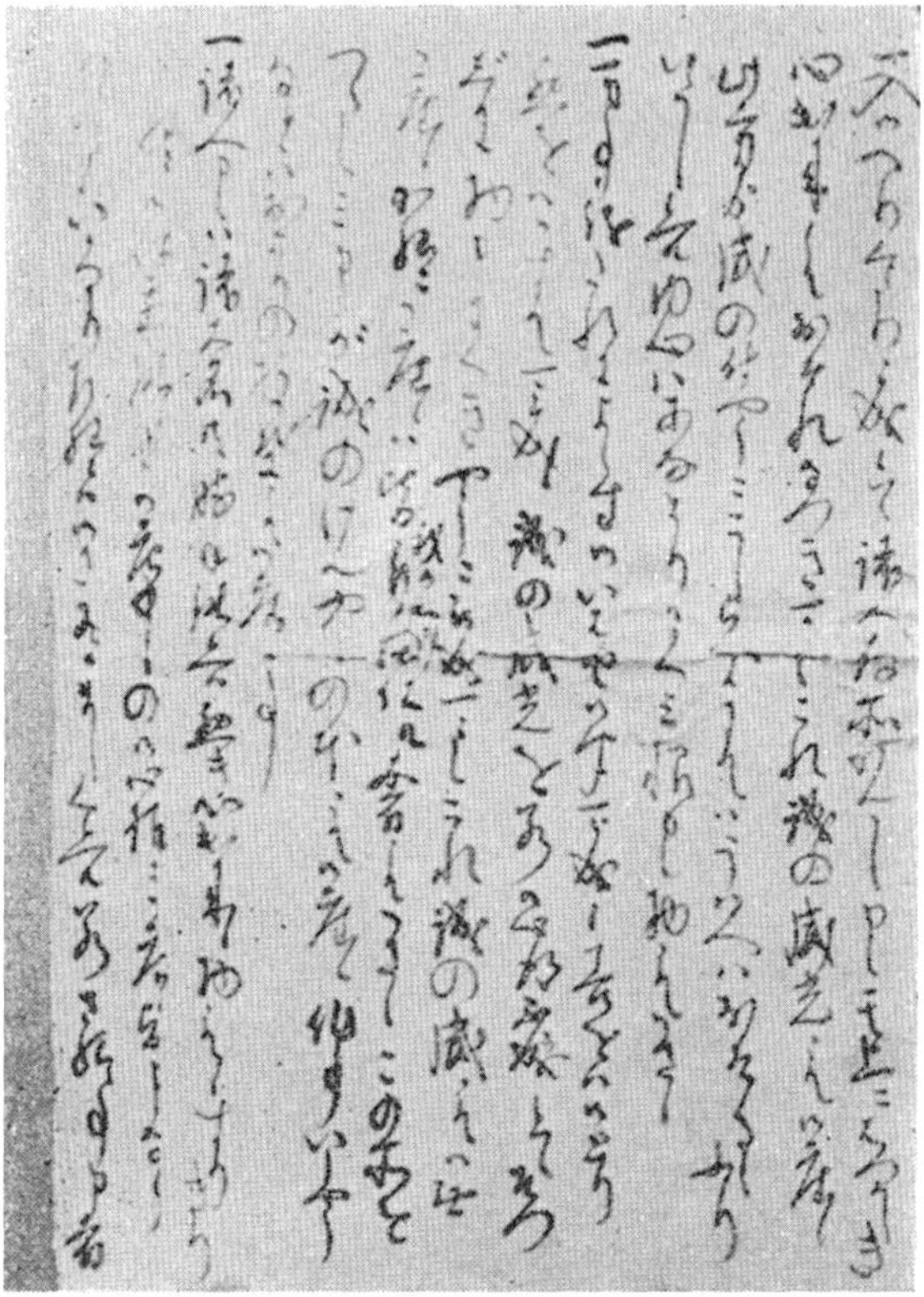

寛文８年，大老酒井忠清への建白書の自筆草稿の一節

御一人の御覚悟にて、残御衆へもうつり可申候。天下の安否只今の時節貴様御一人のやうニ奉存候。

(中略)

一万事儀たれによらす御いはせ御聞可被成候。善をハ御とり悪をハ御すて可被成候。誠の威光を若御心得不被成候ハヽ、そつじに物申にくきやうニ罷成可申候。これ誠の威にてハ無御座候。(下略)

のようである。

専権　(1) 将軍は下情に疎《うと》いので老中に権力が集中し、従って将軍の権威は落ち乱世のもとになるから、老中の心得が第一に肝要であること。

邪威　(2) 幕閣に邪威がつけば天下が紊乱《びんらん》する古例が多いから、まず酒井（寛文八年には大老）から覚醒《かくせい》すること。

(3) 関ヶ原役の直後と事情がちがって、将軍の威光が軽く幕閣が専制であることを世人は恨んでいる。従って、老中は謙遜にして誠の威光を体現すること。

(4) 高慢な態度をすてて他人の意見を傾聴すること。

(5) 諸大名の財力を削減することを良法としているが、これは逆であって、藩財政が逼迫《ひっぱく》すれば世上は騒然となる。万民は長久安楽を祈願するものであることを知るべきであること。

一揆のもと　(6) 近年の疲弊は一揆のもとである。もし諸方に一揆が勃発すれば、諸大名の中

にも逆心を起して同調するものが出るかも知れない。濫費を節減して救恤《きゆうじゆつ》にあてるべきであること。（以下省略）

右の建白は、幕閣専権の弊害を痛烈に非難し、仁政の立場から幕政改革を迫ったものというべきもので、光政の本領を余すところなく発揮している。

自分の仕置

以上要するに、大名光政の政治的態度は、幕政を尊重してこれに依拠するとともに、独自の政治理念に基づいて、領国支配にいわゆる「自分之仕置」を確信をもって強行するところがあった。この点に、彼の明敏の才能と非凡かつきびしい性格、および固い信念となった学問的成果を認めうるであろうし、また、天樹院（千姫）を義母にもつ対幕府的地位の特殊性を無視することもできない。幕府側でも、光政のまま異例な領国支配の在り方に、しばしば苦々《にがにが》しい態度を示し、婉曲《えんきよく》な抑圧や皮肉を浴びせることがあったが、光政の強剛かつ合理的な態度に対しては、決定的な弾圧を加え得なかったようである。

しかし、光政の上記のような対幕府的な関係は、その子綱政の代におよぶとともに、その面影を逐次《ちくじ》かえてゆくのであるが、それについてはいずれ後にふれるであろう。

第六　後継者と重臣に対する教導

一　後継者綱政の教導

理想の達成と継承

あることを実現せんとする理想をもつ人間は、もしそれが自分ひとりで達成できない性質のものである場合とか、その理想に絶対的な確信をもっているときには、その仕事をうけつぐ者や補佐する者たちに、自分の理想をよく理解徹底せしめて、そのことが完成され、さらに継承されるように期するものである。光政の領国政治のすすめ方は、まさにその好例であるといえよう。

子綱政への教導

まず、次代の藩主となるべき子綱政に対する教導についてみよう。

綱政は寛永十五年（一六三八）に生れ、幼名を太郎といったが同十七年に三左衛門と改名し、承応二年（一六五三）十六歳のとき、元服して従四位下・侍従となり、伊予守に任ぜられて綱政と改名した。従って、『光政日記』に書かれている綱政の名前は、承応二年以降はすべて「伊与」（「いよ」）となっている。

教導の初見

綱政は明暦三年二十歳のとき初めて備前に入国したが、そのとき光政は、自分の行為の良い点は真似《まね》ること、悪い点は、父もそうであったのだからと気ままに考えてルーズにならぬように、と箇条書《かじょうがき》にして訓戒しているが、これが綱政に対する教導の初見である。万治二年五月江戸を発して帰国する綱政（二十二歳）に、

仕置の稽古

国元で仕置《しおき》の稽古《けいこ》をさせるために、光政は綱政に高四万石の物成《ものなり》を渡して作廻《さくまい》するように命じている。ついで翌三年五月には、次のような綱政への注意書を与えている。

万治三年の注意書

伊与へ書遺覚

一、福さま（光政の母 福照院）へ心入、今までハ不実ニ見へ候。例年よりモ一入《ひとしお》心入尤《もっとも》候事。

一、伊が(家老池田伊賀)用等心安御調《ととのえ》可レ有事。

一、和州(久世大和守広之)・織部(牧野親成)むつかしき事ハ相談尤候事。大キなる事ハうた(酒井雅楽頭忠清)殿と相談可レ有候事。

一、万事直《じき》ニ吟味候て打はまり、用共御調可レ有候事。

一、信濃(綱政弟)作法少も悪事候ハバ、急度《きっと》御しかり可レ有候事。

一、物ずきたてのきざし有レ之候。其心得可レ有候。幷《ならびに》同志ノ衆と遠々敷《とうどうしく》不レ成様ニ尤候事。

一、常ノあそびニ武芸御すき可レ有候。

一、気随《きずい》ノ根のこり候ハんと存候。少もゆだん候ハバ本のごとく可二相成一候。急度御つとめ尤候事。(以下省略)

五月十九日　　少　将

いよ殿

『光政日記』

綱政の短所を見抜いてその改善に細心の注意をはらい、次代の藩主たるべきわが子の育成を期せんとする、父親の威厳と愛情がきざみこまれている。このとき

次男信濃への覚書

光政は、十六歳の次男信濃（名は政言（まさこと）、のち鴨方（かもがた）支藩主となる）にも同様の「覚書」を与えているが、とくに「じだらく」（自堕落、身もちのだらしないこと）を諫《いさ》め、江戸逗留中に「中庸一部よミならい可ㇾ申候事、武芸の外他事仕まじき事、文字ノ状書よミならい可ㇾ申候。」と修業の在り方を指示している。

千人引の石

当時、光政と綱政はほぼ交替して、江戸と国元とにわかれて生活していた。それだけに、綱政の生活態度をよく見守るように近臣たちを督励している。万治三年綱政が在国中に、城下はずれの花畠という所にあった「千人引ノ石」を自分の庭へ引き込もうとしたときに、補佐役の家老池田伊賀・日置《ひき》猪右衛門が諫めなかったことを、光政は非常に不満に思っているが、これは綱政に、「気ずい」（わがまま）な根性《こんじょう》のきざしがあることを警戒した上のことであった。

綱政岳父の不作法

綱政は万治三年四月に、丹羽《にわ》左京大夫光重の娘を娶《めと》ったが、この綱政の岳父《がくふ》丹羽光重は「不作法《ぶさほう》」であるとの世評があったので、光政は丹羽に「たしなみ」を要請するとともに、綱政の作法が悪いのに意見を加えないどころか、むしろ綱政の病気療養にかこつけて、不作法をすすめる形跡があることを憤激している。

綱政の女色

たしかに綱政の行状には、世人が注目するほど女色が深くわがままな点があったようである。例えば、光政の弟恒元（播磨宍粟領主）が家老淵本弥兵衛にあてた書状にも、綱政の行状を批判して「家中の者存所、女までかるしめ候。是は女色又きずいに候。第一女色是ほど深は余所《よそ》にも余り有間敷候。……御前様の女中まで能存、女さへあなどり申候。」（『宍粟日記』）と記されている。また綱政は、父光政からのきびしい意見をなるべく避けようとしていたようである。

父子の性格の対照性

まさしく、光政・綱政父子の性格は対照的であった。だからこそ、光政は綱政に対して自己流の躾《しつけ》を、あらゆる手段を講じて施そうとしたものと思われる。しか

公私の典故

し結局のところ、光政の教導は大して効果をもたなかった。綱政には彼独自の素質と環境があり、そして必ずしも光政の期待しなかった人間像が、その子のうちにはぐくまれていった。光政は武将的文人の厳粛さをもち、学問の固さを尊信して文学のやわらかさにはひかれず、神道の側に立って仏道にはむしろ非難さえ加えているが、綱政は文人的武将の柔軟さを身につけ、武技をも修めたが文学（とくに和歌）・芸能（とくに能楽）を愛好し、仏道の信奉はとくに対照的であった。光政によって藩体制の骨組みがたくましくできたとすれば、綱政によってその内部的造作が、文治主義的に豊かに整えられたといえよう。「公私の典故《てんこ》」が、綱政時代に大いに完備したといわれるのがそれである。このように見てくると、光政は光政なりに、また綱政は綱政なりに、おのおのが生きた時代の動きに棹《さお》さしたものとして、それぞれの意味が認められるであろう。

綱政の幕政準拠

なお付言しておきたいことは、光政の幕府に対する関係とか態度は、綱政の代におよんで大幅《はば》に転換していったことである。その具体的内容は後に述べるであろうが、つまりは幕府側の干渉がうけ入れられ、幕政に準拠した藩政が、積極的にすすめられるようになったわけである。

二　重臣に対する教導

仕置家老への戒告

寛永十九年（一六四二）の藩政改革に際して、光政は家老池田出羽・伊木長門・池田伊賀の三人を、強引《ごういん》に仕置職《しおきしょく》に任じて藩政の最高担当者とした。そのとき三家老に対して、「少もきずい（気随）ヲかまへ私之心ニて末々まで用ヲ不レ達、身がまへなる事候ハバ、心之外三人可レ為《たるべく》二越度《おちど》一候条、可レ被レ得《えらるべく》二其意一候事。」と申し渡し、これにこたえて、三人の仕置家老は専ら忠誠奉公を誓った。さらに正保四年（一六四七）には、三人の仕置職の作法の長短を、それぞれ指摘して戒告を加えている。すなわ

池田出羽

ち『光政日記』によれば、池田出羽は、政務を油断なく処理し藩主に遠慮なく意

池田伊賀

見を上申するのはよいが、人に対して贔屓《ひいき》が強いのが欠点であり、池田伊賀は、万事に消極的かつ怠慢であり、上主にちっとも忠言をしない欠陥をもち、伊木長

伊木長門

門は、油断なく仕事をするが、控え目すぎたり打ちこんで事に当らない、と評価されて今後の言動を慎むように教導されている。このように、三万石級の家老一人一人について吟味し、忌憚《きたん》のない批判を加えて善導しているあたり、権威主義的な啓蒙君主の真面目が躍如としている。

さて光政は、大身・一門のものを始めとして家臣全体にわたって、権威ある上主として、かつ厳格な家父長的性格をもつ指導者として、いわば政治的・教育的な君主として臨み、つぎの全家臣への承応三年の「申聞覚《もうしきけ》」（『光政日記』）にもみられる

真の士道

ように、しばしば真の士道の在り方についてきびしく諭示している。

……人々ノ心得何事もあらバと申候。其何事をハな(鼻)にあて、平性《へいぜい》士ノ作法ニはづれ候輩ハ士ニ非ズ候。……ただ平性ノ作法よきヲもって士とは可ㇾ申候。

……大方ハ士道ノ吟味露《つゆ》も不レ存候。知たると思ふ者も能《よく》自反可レ仕候。ひが事多くあるべく候。欲心利得の事計《はかり》、口利功《りこう》ニ申ありき、……以来ハたしなミ真ノ士ニ可二罷成一《まかりなるべく》候。……但、大身《たいしん》・小身《しょうしん》・旧功・新参ニよらず、此度申出事ひが事と存か、又ハ左様ニハ成間敷と存候者ハ暇《いとま》可レ遣候。面々気ニ入たる所へ参奉公可レ仕候。我家中ニ居ながら、種々ニ政事ヲ申妨《もうしさまたげ》罷

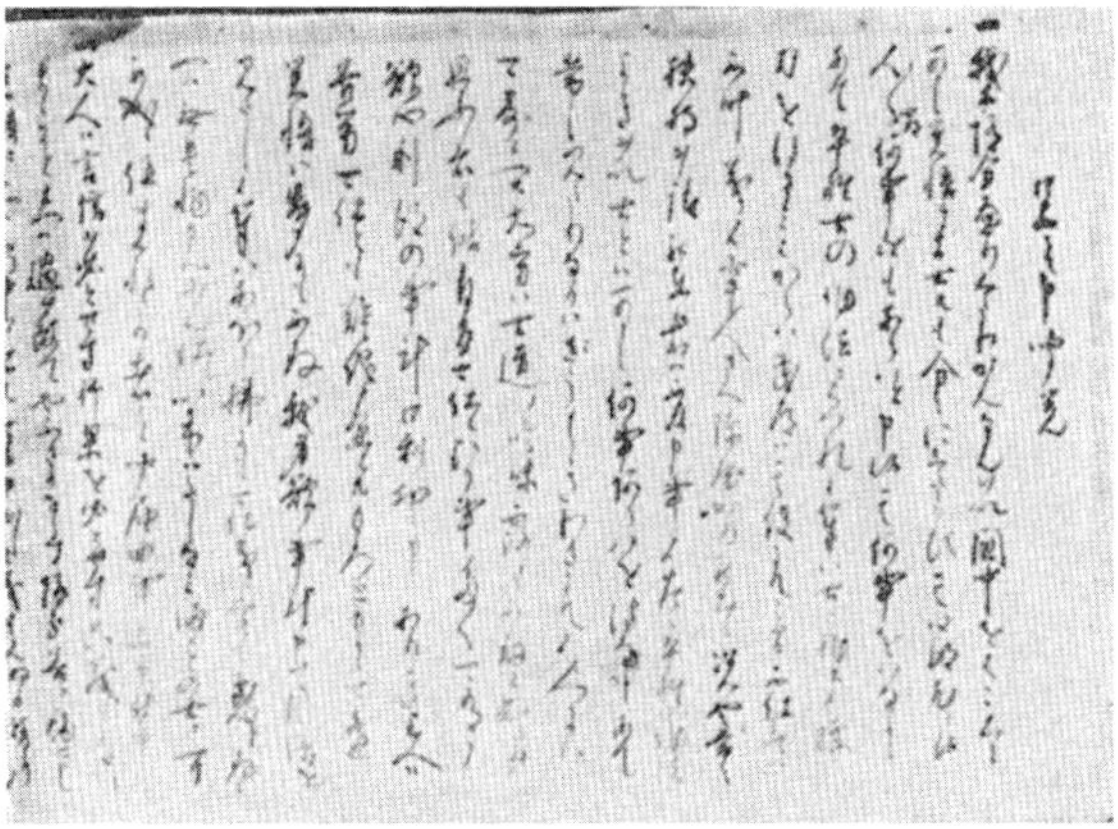

承応3年，光政自筆の家臣への教令の一節
（岡山大学附属図書館蔵『池田家文書』）

在候者ハ士ニ非ズ。大盗人たるべく候。

作法の善悪

そのほか改めるべき作法として同『日記』に散見しているものは、「身がまへ」「がい（我意）」「私の心」「えこひいき」「満（慢）心ふかく情こわき（こと）」「仁政を申（し）みだ（すこと）」「（上主を）かろしめあなどる（こと）」などであり、奨励すべき好ましい作法としては、「国家ノ為ヲ実ニ思（う）」「道理（を尊ぶ）」「実ヲたしな（む）」ことなどであって、すべてが儒教的政治倫理に基づくものであった。

少将様御近習風

光政の強力な教導によって、家臣団の作法が改善され、好ましい風儀が樹立されたであろうことは疑いないが、その反面では、蕃山がいみじくも指摘したような「少将様御近習風」、すなわち、光政の近習者の間にみられた消極的な保身主義とか、責任回避の気風が醸成《じょうせい》されていったことも否定し得ないであろう。水が清ければ魚はすみかねるであろうし、名賢君のもとでは、かえって家臣が萎縮《いしゅく》す

旧悪を忘る

る一面もあったであろう。このような情勢を察知したものか、光政自身も深く反省するところがあって、家臣たちの旧悪を忘れて生れかわる覚悟を表明して、寛容な態度を示したこともあり、「不レ思二旧悪一」と題するつぎのような自作の歌も伝えられている。

花さそふ昔は昔今は今
　したしくなりぬ木々の下風

諫箱

また「一国ノ知」をかり求めて政治に資する目的から、承応三年（一六五四）には諫《いさめ》箱《ばこ》を設置し、家臣たちからの諫言を熱心にうけいれようとつとめている。人一倍に厳格な性格でありかつ自信に満ち満ちていた光政も、それだからこそ自己の欠点を深く反省して、つとめて寛容・円満を志し、日常生活での向上を期せんと心を配っているのである。後述のように、王学者中川権左衛門や侍医塩見玄三などの直言・忠告を、光政はよろこんで受け入れるところがあったが、このことは、光政のよりよき人間形成の重要な一面であったと思う。

第七　藩政上の事蹟

光政が大名として岡山藩をどのように経営したかを知るためには、いままで述べてきたような、彼がもつ時代の背景と彼自身の人間形成の過程、および性格・教養ないしは理想について、是非とも理解しておかねばならぬ前提であると思われるので、やや詳細に述べたわけであるが、このあたりから、藩政上のもろもろの事蹟について語り始めるべきであろう。

慶長八年（一六〇三）に始まった約三十年間の前《ぜん》池田氏時代は、全国いずれの藩にもほぼ共通的にみられたように、藩体制が成立してゆく過程であった。光政の父利隆の備前監国《かんこく》から叔父忠継・忠雄にわたる間の、岡山藩の経営のあらましは前にのべたが、それを基盤として寛永九年（一六三二）から始まった光政の治世は、一言でいえば、藩政が全般的に確立していった過程であるといえる。以下いくつかの主なる事項にわけて、確立過程における藩経営の具体的な内容を検討しよう。

一　職制の整備

国の二大事

光政が岡山に入封した当初は、軍事と祭祀とが「国の二大事」といわれたように、いわゆる行政方面は、まだかなり単純で未分化であった。しかし、太平が続いた平和な藩体制のもとでは、領民支配を中心とするもろもろの行政分野が、大きくクローズ＝アップしてくるのは自然のなりゆきであった。

家臣団の軍事編成

これまで家臣団は、家老・番頭《ばんがしら》・物頭《ものがしら》・組頭・平士・士《さむらい》鉄砲《てっぽう》・徒《かち》・軽輩《けいはい》・足軽というように、軍事的組織に編成され、それに応じて各人の家格とか身分とかが定められており、そのうち一部のものが、何々奉行とか何々役とかに任ぜられて行政面を担当したが、主軸はいぜんとして軍事編成におかれていたといえる。

仕置職

最高の行政的役職である仕置職が設けられたのは、前述のごとく寛永十九年（一六四二）七月のことであるが、この仕置職に任ぜられた三人の家老を例にとれば、家老がその家格・身分であり、仕置職がその役職名であると考えてよかろう。このように、多くの家臣はそれぞれの家格・身分に位置付けられながら、それ相応の役職に任命せられて藩経営を補佐したわけである。

役職の特質

役職は藩政の進展とともに分化・整備されてゆき、一つの役職に就くものの間には、しばしば交替が行われたが、家格・身分は比較的に固定化して世襲的であったといえよう。一定の役職につけば、家禄のほかにそれぞれ所定の役料がつけられた。例えば、郡代《ぐんだい》（郡政の元締）には百五十俵、町奉行には百俵というように。また

起請文

役職につく場合には、藩主に所定の起請文《きしょうもん》（誓詞）を捧呈した。『池田家文書』にある起請文の初見は、前述の三人の仕置家老のものであって、その「前書《まえがき》」には、秘密を堅く保持すること、依怙贔屓《えこひいき》をせぬこと、私欲を計らないこと、などが記

され、本紙に署名した上に血判がおしてある。

役職の新設

役職の中には藩政当初から設けられたものもあるが、寛永末年までに新設されたものもかなり多く、とくに寛文から延宝頃にかけて置かれたものが相当数を占めていることからすれば、光政の晩年に藩行政が一段と整備されたことがわかり、また、この頃から家臣の官僚的性格が濃くなったともいえる。

人材の登用

もし、一定の家格の者が世襲的に特定の役職を占めれば、役職に最も大切な才能を期待することが困難となり、政治の停滞・不振を招きやすい。光政は万治三年(一六六〇)に、重要役職の欠員補充に入札の制を採用したとき、身分の高下にかかわらないで「人柄」を重視すべきことを諭しており、

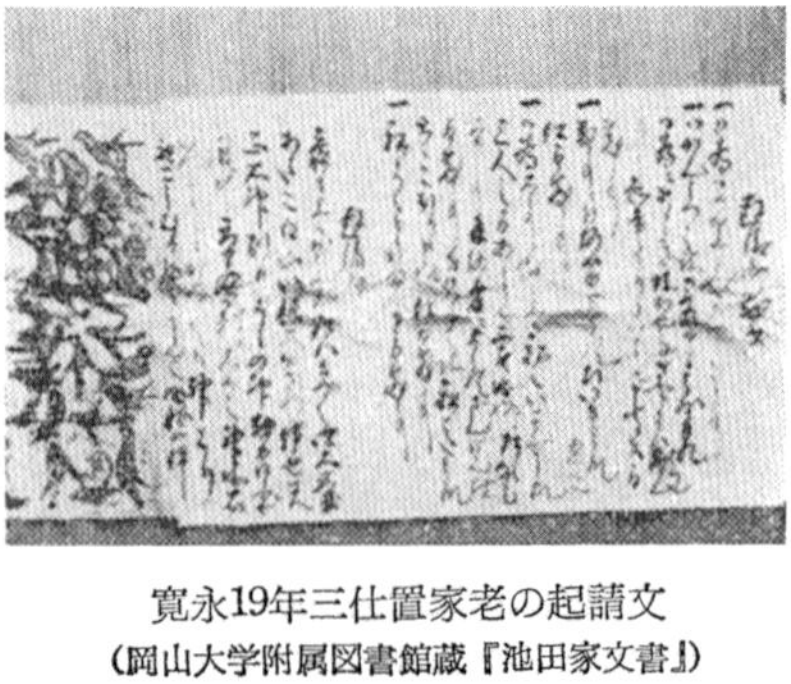

寛永19年三仕置家老の起請文
(岡山大学附属図書館蔵『池田家文書』)

また別の機会には、「小身」の者は才徳があっても重職に任用されない在来の「家風」を改めて、人材を登用すべきであるとの意向を表明している。彼が人材を登用した著例《ちょれい》は、慶安三年に三百石の熊沢蕃山（三十二歳）を、一躍《やく》三千石の番頭《ばんがしら》に昇進させて、藩政の中枢に参与せしめたことであろう。このように、人柄や才能に基づいて、できるだけ適材適所の処置を講じたことは、光政の性格からすればもっともなことと思われるが、「不知不才の人にても、筋目《すじめ》次第に召つかはれては事ゆかぬ義也。人次第・才次第になくては不《かな》レ叶《わず》。」という、蕃山の考え方の反映ともみられよう。

人材登用の一方法としての足高《たしだか》の制も、すでに万治元年にみられる。すなわち、大小性《おおこしょう》は三百石とされていたので、これに任用するときには足高して三百石をつかわすことにしたのである。なお、人材登用は村役人の任用にも適用されたことは、承応三年十一月に、富農にかぎらず小農でも正直なものであれば、よく見立てて庄屋に取り立てるべきであると命じていることからも知られる。

足高の制

つぎに、職制の整備に関連して、藩政を執行する役所の設置について一言しておこう。主なる役所は評定所・勘定所・郡会所《こおりがいしょ》・町会所・小《こ》作事《さくじ》所・普請方《ふしんかた》・船作事所などで、そのほとんどは寛文—天和ごろに設けられた。中でも郡会所は天和二年(一六八二)に設置されたが、この年は在方《ざいかた》支配のうえで注目すべき年でもあった。

役所の設置

二　地《ち》方知行《かたちぎょう》制度の変革

地方知行の制度

寛永九年岡山移封の直後、光政が家臣に知行所を割りあたえたことは前に記したが、これは因・伯両国での前例を踏襲《とうしゅう》したものであり、備前における前《ぜん》池田氏時代の先例をついだものでもあった。ともかく、全領地を大名直轄の蔵入地《くらいりち》と、家臣に分与して支配させる知行地（給地）とに分け、各家臣はそれぞれの石高相応の知行地の給人《きゅうにん》となって、その土地と人民とを支配したわけで、このような仕組みを地方《ちかた》知行制度とよんでいる。

この制度採用の理由

さて、転封を重ねて岡山に入封した光政が、なぜこのような地方知行制度を採用したかの理由は必ずしも明らかでないが、恐らく家臣は知行地の給付を要望したであろうし、また、農民を支配するための藩庁機構が十分に整っていないため、一躍して全領地を藩主の直接支配下に置くことが困難だったので、領地の大半を給人による間接支配下におくことは、藩主側にとっては行政的にも財政的にも好都合であったと思われ、さらに、小農民の自立化を促進する観点からすれば、中世的武士の系譜をもつ有力な土着豪農が、あちこちに蟠踞《ばんきょ》していた近世初頭においては、限られた地方《ちかた》役人ではその目的を達成することは困難でもあったろう。

統一権力との関係

要するに、藩主の集中的な統一権力が確立してゆく過程においては、現実に対応しつつ権力の確立を計ることが必要であって、従って、ある時期的段階においては、この地方知行制度を採用することが要請されたと考えられる。しかし、この制度をいつまでも存続させることは、藩主権力の集中・貫徹と矛盾するものであるから、地方支配の機構が整備され、農民支配の政策が確立すれば、この制度自体の意味も失われるであろうし、また藩主としては、この制度のもつ意味を消滅させるように狙《ねら》ったであろう。

知行高と給人数

岡山藩では家臣の石高は、朱印高でなく直高《なおしだか》(前述)をもって表示されており、全藩の直高総額約五十万石のうち、知行高は約三十万石とみてよく、この割合は近世を通じてほとんど変化していない。給人の数は寛永十年(一六三三)には四四三人であったが、延宝二年(一六七四)には五〇六人に増加している。

妻子の化粧田

さて、岡山藩の地方知行制度は、内容的に多少の改変はあるがともかく承応三年(一六五四)まで存続するが、同年夏の大災害を転機として根本的に変革された。それより前から、光政は給人の知行地に対する考え方に甚だ不満の念をもっていた。というのは、給人の中には知行地を、妻女の「化粧田」のように考えて私物視するものがあったからである。従って、光政としては何等かの対策を考えていたと思われるが、かかるときに当って、たまたま「三代以来」の大難儀に見舞われたのである。

承応三年の大災害

備前一帯は承応三年七月十九日から二十二日まで大豪雨が降りつづき、旭川は六メートルほど増水して本丸の内まで浸水したといわれる。その被害状況は幕府への報告によると、流失・潰《つぶれ》・破損の家屋は侍屋敷四三九軒、歩行《かち》ならびに足軽屋敷五七三軒、町家四四三軒、農家二、二八四軒にのぼり、荒廃に帰した田畠の高は一一、三六〇石、流死者一五六人、流死した牛馬二一〇疋、その他、各地の橋・池・井堰《いぜき》などで破壊したものはおびただしく、かつ引き続いておこった大飢饉では、死者三、六八四人を数えるという、未曾有《みぞう》の大災害であった。

藩政の一大危機

このような惨状のもとで、年貢は例年の半分にも足らず、武士も農民も飢餓にせまられた。これはまさに藩政の一大危機というべきもので、この危機の急報を帰国の道中岡崎(愛知県)で耳にした光政は、急遽《きゅうきょ》八月八日帰城し、一大決意をもって災害対策にのり出した。その決意のほどは、彼のつぎの言葉に端的にあらわれている。

飢人救済

今年の旱《ひでり》又は洪水、我等一代の大難にて候。是《これ》を思に我悪逆故如《かくのごとく》レ斯ならば、天より直《じき》に滅亡を賜はらず御戒と存候得ば、大幸いふばかりなし。我よき時分此国を預り人民を救ふべく思ひ候。いづれの道にもきつと改むべき事なり。今の分にては事ゆくまじ。(『池田家履歴略記』)

救済資金の借用

まずなによりも、藩庫を開放して一粒の米をも残さず、不足の分は他国米を買い入れたり大阪蔵屋敷の藩米を取りもどして、「一国の内壹人も困窮」するものがないように飢人救済に着手した。これまで地方《ちかた》知行制度のもとでは、知行地の飢人を救うのは給人の責務とされていたが、その給人さえ飯米に事欠く始末であったので、蔵入《くらいり》地と知行地の区別なく、藩役人の手で飢人の調査を行って、できる限りの米銀を支給した。その翌年の一月―四月までに「飢扶持《うえぶち》」（一人あたり一日一合）を給せられた人数は二十万人を超え、扶持米は一日二〇六石余であったといわれる。なお、普請《ふしん》奉行から提出された復興のための夫役《ぶやく》は約九十万人で、普請および救済用の経費として、銀千貫目を上方《かみがた》町人から借用することにした。その他、救済資金としての四万両を、天樹院の斡旋《あっせん》で幕府から借用したのもこのときであった。なおこの年農民への医療対策として郡《こおり》医者十人を配置しており、大庄屋を廃して十村肝煎《とむらきもいり》を設けて、村役人の制度を改革するところもあった。

以上のことは、大災害への応急対策に類するものであるが、つぎに、藩政上に決定的な重要性をもつ地方知行制度の変革の問題に移ろう。

承応三年八月十一日光政は、家老以下の重臣全部を城中に召集して、つぎのような給人の徴税権を決定的に変革する法令を出した。

給人の徴税権を吸いあげる

家中并《ならびに》国中共に下地《したち》ノつかれ故、此度之ききんニ取所なく罷成候ヘバ、今年より五－六年も赤子をそだつる様ニ無レ之候てハ不レ成《ならざる》儀ニ候。左《さ》候ハバ、今暮より蔵入・給所共ニ物成平《ものなりならし》ニ申付候。知行所百姓ハ只今迄ノごとく面々《めんめん》ノ可レ為《たるべく》二知行一候。免《めん》・納所《なつしょ》・すくい・未進《みしん》等、万事ノさくまい(作廻)此方より可二申付一事。『光政日記』

この法令に示されている要点は、およそつぎのようである。

(1) いままでに家中武士も領民もともに疲弊していたから、今度のような大災害が勃発すれば完全に打ちのめされたのだ。だから、今後五－六年間は、嬰児《えいじ》を育てるような気持ちで対処せねばならぬ。

物成ならし

(2) 従って、いままでのように農民支配が藩当局と給人とによって、二元的になされるようなことでは不十分であるから、藩当局の一元的な強力な直接支配が要請される。そのためには、従来は知行地の免（年貢の率）は給人によってまちまちに決定されていたが、この方法を変革して、蔵入地も知行地も一様に免を「平《なら》し」にして、藩当局が処理することにする。かくて、給人は従前通りに知行地の百姓を支配するとしても、重要な権限であった徴税権は、藩当局に吸い上げられることになり、以後、給人は藩当局が一方的に決めた免に基づいて、知行物成といわれる年貢米を取得することになったわけである。

藩主の直接支配化

(3) その代りに、年貢の上納・未進および農民救済などの万般の処理は、藩側が責任をもって行うことにしたのである。

以上要するに、かねて地方知行制度の欠陥に注目して、適当な機会と名目とをみつけてこれを改変し、藩主の全領直接支配を実現しようと考えていた矢先、今回の大災害で給人たちが手も足も出なくなったのをチャンスとして、一面では、極度の惨状を救済して復興をはかる必要から、他面では、給人の知行権を骨抜きにして藩主権力を強化するために、上記のような政策が強行されたものと思われる。

この変革に対して、農民からの抵抗はもとより、給人側からの異議らしいものもみられず、結局、給人は一種の小領主的な存在から、俸祿米をうける官僚的性格をもつものに転化したといえよう。

農民支配体制の強化

藩当局はこの変革をおしすすめるに当って、まず農民支配体制の強化をはかった。すなわち承応三年十一月以降は、いままで城下に在勤していた約十名の郡奉行を、おのおの担当の郡々に「在出《ざいで》」させて、農民支配の第一線に立たせることとし、これらの郡奉行によって全部の斗代《とだい》(石盛《こくもり》)や免が決定され、年貢の下札《さげふだ》も郡奉行の手によって、各村に一枚ずつ下付されることになった。また、代官も五十四人に増員されて同じく「在出」することになった。このように、農民支配の役人を増補するとともに現地に駐在させて、藩権力の浸透をはかる一方、従来から種々の弊害を指摘されていた大《おお》庄屋を、もっと構《かまえ》の小さい十《と》村《むら》肝煎《きもいり》に切りかえている。

天和二年の重要性

かくて、給人の知行権がほとんど藩権力に吸収され、かつ農民支配が軌道にのったとみられた天和二年(一六八二)になって、現地駐在の郡奉行・代官を城下に引き揚げさせて、同年に設置された郡会所に出勤させることとし、さらに、津田重次郎(永忠)・服部《はっとり》与三右衛門(図書)の両人を、郡代《ぐんだい》に任命して郡方仕置を統率させ、村役人としての十村肝煎を廃して、肝煎・下肝煎の制度にかえるなど、地方知行制度の変革が断行されて以来約三十年間に、藩当局の直接的な農民支配体制が確立したといえるわけである。あたかも天和二年といえば、光政が七十四歳で波瀾

加茂庄官十三流の弾圧

の一生の幕を閉じた年であるから、この仕事は彼の後半生をかけたものであった。なお、万治・寛文のころには由緒《ゆいしょ》百姓の調査がなされ、そのうちとくに、過去の筋目を誇って横道《おうどう》な振舞を重ねているものとして、たとえば、津高《つだか》郡加茂郷一帯（現御津郡加茂川町）のいわゆる「加茂庄官《かもしようかん》十三流」に属する農民たちが、系図や感状などをたくみに藩当局へ没収され、手ごわい弾圧をうけたことがあり、また、延宝六年（一六七八）には土着帰農した浪人の調査もなされているが、これらもすべて、上記の農民支配政策の一連のものといえよう。

知行地の年貢米

給人の徴税権を手中におさめた藩当局は、つぎつぎに年貢上納をめぐる具体策を指令した。大身《たいしん》の給人の中には知行地の年貢米を、格別きびしく吟味して百姓を困惑せしめるものもあったものと思われ、筆頭家老伊木長門なども再度にわたって警告をうけている。しかし容易に地方知行当時の慣行が払拭《ふつしき》されなかったので、天和二年に蔵米の納入法に準ずべきことを下命した。

給人と知行地百姓

つぎに給人と知行地百姓との関係の推移についてみよう。地方知行制度の下でも、給人の知行地百姓に対する裁判権は当初から禁ぜられており、承応三年以後は飢人救済の義務もなくなった。これは一見、給人にとっては負担の軽減を意味して好ましいように考えられるが、それだけ給人と百姓との私的関係がうすれてゆくことになった。藩当局はつとめて、給人対百姓の伝統的なつながりを疎遠《そえん》化する方策をとるとともに、僅かに残された給人の知行権の行使をも、きびしく統制してゆくのである。これについて以下数例をあげて説明してみよう。

光政は明暦三年給人に対して、知行地の仕置は藩主の政治理念を体して行うべきものであって、自分勝手な振舞は許さないと戒告し、翌万治元年には、給人と知行地百姓とが互いに敵視しあっている現状を指摘して、百姓は邪心をもつ横道者であるとみなす給人の百姓観を非難している。また、給人は軍陣・江戸番・御普請などにさいし、米銭を支給して知行地百姓を召し連れることになっているが、

正月礼

寛文七年からはその人馬の割符《わりふ》を郡奉行につかさどらせることとし、翌八年六月には、百姓から給人へ正月礼その他の付け届け物を持参することを禁じ、給人の方から礼物を要求するようなことがあれば、郡奉行・代官へ至急届け出させることにした。だからといって、給人と百姓との私的関係が切れてしまったと速断することはできない。事実、延宝二年ごろ津高郡広面《ひろも》村の百姓は、焼米一−二升ずつを給人への「公事役《くじやく》」として持参しており、またある村では、正月用の門松や餅米《もちごめ》を、輪番で給人宅へ運ぶのを恒例としていた。知行地百姓が子供を他村へ養子につかわすときには、給人の奥書が必要であると藩法に規定されているのも、最少限度には両者の関係が公的に認められていた一つの証左である。

公事役

三　財政政策

光政時代の藩財政は、もとより決して安楽なものではなかった。その時代は藩体制が各分野にわたって確立・整備してゆく段階であったから、全般的に支出も膨脹《ぼうちょう》し勝ちであったろうし、前記の承応三年のような大災害にひとたび見舞われれば、財政は根底的に破綻《はたん》に瀕するほどであった。

緊縮主義

光政の財政政策に一貫しているものは、至当な支出は惜しまない反面、きびしいほどの緊縮主義を堅持したことである。彼は私生活においても、後述のように倹約の美談をかずかずもっているが、その倹約観は、明暦二年十二月全家臣に仰せ聞かせた次の言葉によくあらわれている。

倹約の教令

……倹約と申ハ、内所《ないしょ》之おごりついゑ(費)をやめ、公儀を第一につとめ軍役《やく》・公役之たしなみ仕こそ、まことの倹約まことの士ニて可レ有レ之に、人にはよるべく候得《え》ども、内所ハおごりうわむきニてハ人馬をもしかじかたしなまず、倹約などと申者有レ之よし聞伝ゑ候。今より後、士の礼義を存、内所をつめ軍役・公役の心懸専一に可レ仕事。

すなわち光政によれば、倹約とは台所の入用や妻子の衣類などの私生活の経費を切り詰めて、軍役とか公役とかの公的生活の務めを立派に果すことであって、従って、このような「家に倹して国に勤る」ところの倹約を実践することによって、真の武士となり得るというのである。当時、家臣の中には知行地を妻女の化粧田のように考え、その封禄を私生活のおごりに惜しみなく使って、持つべき所定の人馬をへらして公務を果し得ないものもあったので、このような倹約に関する教令を光政はたびたび下し、かつ吝嗇《りんしょく》との区別をも明示している。

光政は自ら率先して倹約を励行した。彼の言行録には多少の誇張はあろうが、数限りなく倹約の事例が記録されている。いまその二―三を拾ってみよう。ある参勤の道中で、同道していた次男信濃守が天鵞絨《ビロード》の傘袋を供の者に持せていたのを見て、「大国を領する人の傘にや、他所の者にてあるべし。我等が行列に混雑致さざる様に。」と、光政は側近の山内権左衛門に注意したので、信濃守は恐縮してその夜にわかに取り替えたといわれ、また、三男丹波守が無断で分限に過ぎた長屋を普請したことをとがめて、数日のあいだ対顔しなかったので、丹波守は不心得をわびて以前の通りに造り直したという。平常の衣類や身の廻り品も質素なものを用いたといわれる。すなわち、小倉織の袴を常用し、平常の召し物は茶羽二重のほかはなかったとか、腰の指物《さしもの》も数奇《すき》なこしらえはなく、印籠《いんろう》は薬を入れる器であるから、飾るべきものでないといったとも伝えられている。

「備前風」の本領は質素

しかしこのような逸話は、かなり作為的なものもあり、かつある面を取り上げて美談らしく強調することがあるので、それを文字通り信ずることは大して意味はない。要は、大名の身でありながら、人一倍に倹約を守って実質的なものを尊び、自ら率先垂範《すいはん》しかつ家臣をも教導して、真の武人としての本務を果させようと努めた点が重要であろう。その結果、質素を本領とする「備前風《びぜんふう》」がつくられて、江戸中にまぎれなく知れ渡っていたとつたえられる。それについて、つぎの

目利の的はずれ

ような挿話《そうわ》が『有斐録』にのっている。すなわち、享保年代（一七一六―三五）を少し降ったころ、ある「備前侍」が浅草辺の茶屋に腰をかけているところへ、七十余歳になる付近の老人が来合わせたので、茶屋の亭主《ていしゅ》がその老人に向って、あなたは諸国の風俗をよく見わけられるのであるが、この侍は何藩の御家来であるか当ててごらんなさい、と所望した。その老人は首をかしげていたが、ややあって、三十万石以上の大藩の侍と見かけられる、芸州（広島県）の侍らしくはないから長州（山口県）の侍にちがいない、と答えた。そこで亭主が、かねて御自慢の目利《めきき》も的がはずれた、この方は備前の侍であるといったので、かの老人は驚いて、その侍に向って必ず意にとめられないようにと挨拶した上で、「備前も御風儀殊外《ことのほか》替り申候。江戸にても備前風とて、御家中の風儀、甚しつぱりと仕候て能《よく》見分られ候に、只今は左様にも成候やといふ。扨《さて》その備前風と申は、新太郎様御代、江戸中に無レ紛《まぎれなく》、御質素成儀に御座候処、今は髪の上・御衣服等、已前《いぜん》の御家風は少も無二御座一、

国富は領主のもの

か様にも違候物かな。」と語ったので、その侍は返す言葉もなくて立ち去ったといわれる。

さてつぎに、光政の「国富」に対する考え方について、『有斐録』にはつぎのような興味ある記事をのせているので紹介しよう。

……国中の金銀はいつにても自分の用に不レ立といふ事なし。……若《も》し其節出さぬ奴あれば、如何様にも出させやう有レ之、国中の金銀は皆身が金銀可レ成と仰らる。

これはまさに、「朕は国家なり」というに類するものというべきで、このように、領内の金銀はすべて領主自身のものであるとする点に、光政の専制君主たるの性格が露呈《ろてい》している。そしてこのことは、上記のように承応三年に国中の物成《ものなり》を平《なら》しにして、藩財政の動向によって藩側が一方的に加減した俸祿を、家臣へ給与するという変革を断行したことと相通ずるものといえる。

貢租体系

つぎに、当時の岡山藩の貢租体系について簡単にふれておこう。本年貢および夫米《ふまい》・口米《くちまい》・糠藁代《ぬかわらだい》の三つの付加税を総称して定米《じょうまい》といい、本年貢百石について夫米は六石、口米は二石、糠藁代は六斗五合であった。このほか雑税として、町屋地子米（銀）・運上銀・万請代《よろずうけしろ》などがあった。町屋地子米は約九百石であり、運上銀と万請代は未だ光政時代には大した額に上らず、延宝―天和ごろで約銀六十貫目前後であまり重要性は認められない。

赤字財政

財政の収支については史料不足で明確ではないが、例の問題の年である承応三年の場合には、銀三千五百二十六貫目の赤字であり、光政の致仕《ちし》後のことであるが、延宝三年（一六七五）には「禁裏造営御手伝」を命ぜられ、そのための支出は約銀三千九百十五貫目といわれ、財政の根本的な再建計画がたてられた翌四年の収支

簡略政策

見積りでは、約銀二千八百貫目の不足となるので、津田永忠の立案に基づく「簡《かん》略《りゃく》」政策が計画されたが、もとより完全実施をみるには至らなかった。

免は上げない

　このように、連年赤字に追われる藩財政の逼迫《ひっぱく》に対処して、どのような手が打たれたであろうか。光政は赤字財政になやんで、家臣に与える俸禄を削減して財政の一部補塡《ほてん》をはかることはあったが、農民から徴収する年貢の率は殆んど引き上げなかったようである。その理由は、年貢の率を引き上げることが不可能な状態にあったためか、あるいは彼のモットーとした仁政理念に基づくのか、恐らく両者の一体化した結果であろう。また雑税からの増収もあまり期待できず、後にのべるような新田開発も盛んに行われたが、収益のあがる大規模な新田は治世中にはあまり開発されていない。なお、上記のような倹約の励行は、赤字克服に消極的意味はもったであろう。

藩借銀

　このように見てくると、赤字財政をどうにか切り抜けてゆく手段は、借銀と藩札の発行以外には求められぬであろう。藩当局の借銀が本格的に始まるのは、前にしばしば述べた承応三年の大災害以降であるが、借銀には藩自体のものと、窮迫している家臣を救うために、藩が京都や大阪の商人から借りたものを又貸しするものとの二種があった。しかし後者の借銀は、つまりは藩側の負担になるものも多かったようである。

借銀をする相手は、初めのうちは主として大阪の富商であった。『有斐録』はその間の消息について次のように説明している。すなわち、光政は領内の金銀はいつでも自分の自由になるものと考え、それの借り上げは、緊急の場合にあてるものとし、平常の赤字補塡《ほてん》には、大阪での借銀をもってあてることを原則としていたようである。

上方借銀

大阪町人からの借銀の始まりは、藩当局が逼迫していた家臣を救済するためのものであって、正保四年(一六四七)正月には銀八百貫目を調達して、家臣へ又貸しの形で割りふっているが、このとき光政は、家臣たちの中には「じだらく」(自堕落)をして、「すりきる」(お金を使いはたす)ものがあることを、『日記』の中で口ずっぱく非難している。ついで明暦二年（一六五六）には、家臣の借銀総額は約一千貫目におよんでおり、時代とともに増加する傾向にあった。

豪商鴻池

藩当局の上方《かみがた》借銀は承応三年から本格的にみられるが、寛文十年（一六七〇）現在では約四千四百貫目に達している。年代ははっきり分らぬが、光政が大阪の豪商鴻《こうの》池《いけ》に、初めて借銀を仰せ付けたときの逸話が『有斐録』にのせられている。そもそも鴻池は、当初から岡山藩と深いつながりがあったものとは思われない。藩の大阪蔵元は、古くは天野屋（弥三左衛門）・伊丹《いたみ》屋（又右衛門）の二人であり、寛文ごろに伊丹屋に代って伊勢屋（九郎右衛門）が登場しており、天和二年（一六八二）倉橋屋（助三郎）が加わって三人となった。一方、鴻池善右衛門は延宝四年（一六七六）以来、岡山藩の江戸廻米を一手に引き請けるようになっているが、前記の天野屋が断絶したため、新儀《しんぎ》に元禄十年（一六九七）銀掛屋《かけや》となり、やがて蔵元の中心人物にのし上がってゆくのである。

鴻池を追い返す

さて、このような鴻池に銀談を申し込んだとき、鴻池は岡山へ下って、藩財政の内幕をとくと聞いた上で、家臣へ給する俸禄を削減しかつきびしい倹約をすれば、財政をもちこたえることができるであろう、そうなれば当座の入用はいくらでもお貸ししましょう、との意見を上申した。これを聞いた光政は、半時《はんどき》(一時間)ほど口をつぐんで静坐していたが、意を決して、「この度は鴻池には借銀のことは頼まぬ、早々上方へ帰れ」と命じ、あとで家老池田大学に向って、「鴻池へは借銀の事をこそ頼しに、家中の免《めん》相談は可レ頼事にあらず、何と心得候や。惣《そうじ》て家中の免引等、心安《やすく》申付候事不《ならざる》レ成事なり。……」と語ったという。当時、上方借銀の調達もさほどむつかしくなかったせいもあろうが、この対話は光政の性格をよく表わしていると思われる。

領内からの借銀

ついで、延宝三年に禁裏造営御手伝を命ぜられ、その莫大な臨時支出をまかなうためには、上方借銀のみに依《い》存《ぞん》していた従来の方法の行詰りのためもあって、いよいよ領内の町人層への借銀の手が指しのべられることになった。藩当局が五人の町年寄へ下命したところによれば、当時すでに上方借銀の利払いなどが順調に進まぬために、かさねての銀談が困難をきたしつつあったらしく、町年寄たちに銀一千貫目の調達方を命じたわけである。因《ちな》みに、延宝四年の藩借銀の元利は一万貫目を上廻わり、藩当局の肝煎《きもいり》による家中借銀は約一万四百貫目であった。この大赤字財政は、同年起用した津田永忠の財政改革策によって、光政逝去の天和二年ごろに至って一応の安定をみたようである。

藩札の発行

つぎに、藩札の発行についてみよう。岡山藩で藩札が最初に発行されたのは延宝七年（一六七九）であり、当時光政は隠居して綱政の代になっていたが、財政と関連があるので一言ふれておこう。

新銭の鋳造

光政は寛永十五年（一六三八）八月、幕府の許可を得て新銭を鋳造するために、蔵元の天野屋宗入《そうにゅう》（弥三左衛門の道名）と岡山城下の町人二人とに、半分ずつ鋳造させたといわれ、その目的は、「富国の計」にあったとされるが、具体的なことは全くわからない。

両替場

ついで、延宝七年になって初めて幕府の許可を得て藩札が発行された。このときは、城下の総年寄であった淀屋三郎右衛門・高知屋庄左衛門の両人が札元になり、京都から阪木屋惣左衛門が下って始められ、同年五月にでき上り、九月には、十一ヵ所の銀札両替場が設置されて流通するようになった。当初の銀札（二分から一匁までの五種）発行額は約一万二千四百貫目で、これによって、今まで領内に流通していた多額の正貨を、藩側は巧みに吸い上げることができたし、正貨と銀札との両替のときの歩相《ぶあい》による、藩側の利益も馬鹿にならないほどであった。

四　農民政策

仁君の姿

一般に名君とか仁君とよばれた大名は、例外なく農政に異常な努力を払っている。水戸の徳川光圀はその著例であるが、池田光政も好例である。光政は後に述べるように、かずかずの農民政策を打ち出しており、それらは大きな時代の流れの中において、正しく理解されまた慎重に評価されねばならないが、ともかく彼は、農民支配の第一線に立っていた郡《こおり》奉行たちよりも、農事について勝るとも劣らぬ認識をもっていたようであり、その農民観に至っては、彼らよりは一段と開明的であったといえよう。

仁政の基調

光政は領民を将軍から預かったものとして、一人でも飢《き》寒《かん》・亡所《ぼうしょ》に陥らせぬようにすることが、将軍への忠であると確信するとともに、仁政の基調をここにおいていた。だから、郡方役人はもとより村役人たちにも、この施政方針を徹底的に実践させようとして、つねづね戒告を加え教導を施している。

さて、光政の農民政策を述べるまえに、『有斐録』などに伝えられている農事に関するエピソードを二ー三紹介しておこう。

芋を賞賛す

ある年、赤坂郡で狩を催したついでに郡内を巡視したとき、農民たちを集めて

稲の品種をあてる

終日農耕について語らせたあと、光政は、作物の中で最も収穫の多いものは芋《いも》であって、芋一株は米一升に匹敵《ひってき》し、一反で十石を得る勘定になり、その上、芋は土地の乾湿いずれにも適して栽培も容易であり、かつ葉も茎も食べられるから、五穀についで有用なものであると教えたという。光政は中国の書物などから、芋についての知識を得ていたのであろう。

またある野廻《のまわり》のとき、まだ穂の出ていない稲の品種を郡奉行に尋ねたが、その返答に対して光政は、この稲は葉が広いから何々種であるにちがいないとして、作り主の百姓にただしたところ果してその通りであった。このとき光政は、「稲の名も知らぬ郡奉行、百姓を養ふ事危《あやうき》事也。」と歎いたという。

鷹狩の帰途、御野《みの》郡伊福村で路傍に倒れていた稲穂を紙でくくり合わせていたのを、士民が怪しんでその理由を尋ねたとき、光政は、自分が過《あやま》ってふみ倒して「民の日にさらされ雨にぬれ、千辛万苦したる物を足にかけたれば、天道《てんどう》を恐れ

ねぎ泥棒の入牢

てぞ、くくり置たり。」と、いい聞かせたといわれる。このことは、竿《さお》にかけていた肌着を盗もうとして捕えられた泥棒が、罪を軽くしてもらおうと思って、肌着の下からねぶか（ぎね）を盗もうとしたのであると申し立てたとき、光政は、「ねぶかは一本にても、民の作物に手を掛候段指免《さしゆる》しがたく候。」といって、この泥棒に入牢《にゅうろう》を命じたことと同様に、彼の農本主義のあらわれといえよう。

さて、光政の治世中は全国的にみて、小農民の自立化が促進され、近世的な本百姓が一般的に形成されて、領主対農民の直接的支配関係が進展しつつあった時代である。このような時代的趨勢《すうせい》との関連において、以下、光政の農民政策を具体的に説明しよう。

飢人の実態

(1) 土地売買の対策

光政は承応三年十一月、農民の疲弊についてつぎのように郡奉行たちに申し付

田地買い返しの方策

けている。すなわち、農民で飢人になるものの大半は、家族数が多いにもかかわらず土地保有の少ない貧農であり、彼らは年貢上納のためには奉公人となったり田地を売却して、その結果、生産力の低い田地のみを僅かにもつものである。そのうえ郡奉行などの愛民精神の欠除が、この傾向を一層助長しているのだ。だから、これらの貧農には、藩から救米を与えて田地を買い返させるか、または、富農でも迷惑がるような悪田地の免《めん》を少し下げて、それを飢人の家族数に応じて分与したらどうであろうかとの意見を出し、さらに、そのような処理をせずに単に飢扶持《うえぶち》や救米を与えるだけでは無駄であるから、場合によっては売買する田地の免を上げれば、おのずから売買が行われなくなるような仕掛けもあるだろうか、また、買い返させる田地の免を上げれば、地主（買い主）が惜し気なく手放すであろうか、などと貧農の没落を阻止することに苦慮して、郡奉行たちの意見を求めたところ、郡奉行たちは、買得ずみの田地の免を上げる政策には、地主側が強い抵抗を示す気配《けはい》があることをほのめかしたので、結局、田地の売買は代官が吟味して行わせるという、売買統制に問題を転化して、根本的な飢人（貧農）救済の積極策は実現しなかったようである。

田地売買統制令

ついで、郡中諸改革を断行した明暦元年（一六五五）には、寛永九年の入国以後に売買した田地は、買主側は多大の利益を得ていることを理由に、郡奉行が吟味して売主へ無償で返還させることとし、今後の田地売買は三年限りとし、三年たっても買いもどせないときは、さらに買主がもう三年耕作して売主へ無償で返還させることにした。

貧農没落の阻止

以上のような田地売買の政策は、貧農の土地喪失《そうしつ》による没落をくいとめるとともに、地主への土地集中を制限して、年貢負担者である農民の一定数を安定的に維持せんとするものであって、この限りにおいて、藩主としての光政の愛民思想の発現を認め得るが、そもそも貧農の没落は領主にとっても危機を意味したので、かかる対策を講じたことは、この危機をのり切るためには当然なことであったであろう。しかし問題は、貧農が田地を売却して飢人とならねばならなかった原因を除くことにあったが、この時期における土地政策には、つぎに述べるように別家を禁止して田地の分割を阻止するとか、つとめて新田を開発した以上に、積極的なものを求めることはできなかった。

(2) 別家の禁止（条件つき許可）

小農民の自立化が促進されれば、一面では土地所有の細分化を招き、承応三年のごとき大災害にあえば、もろくも没落する農民が続出する結果をもたらしたであろう。従ってその対策として、明暦二年八月遂につぎのような著名な別家禁止（条件つき許可）令が発布された。この法令は、郡奉行一同の上申に基づいて出されたものと思われ、当時における家族構成の問題を考える上にも重要であるので、

別家禁止令

所帯を一つにす

その全文（抜萃）を紹介する価値があろう。

百姓口数多《く》田地少《く》飢人と罷成《まかりなる》。其本第一父子・兄弟親《したしみ》のおろそかにして一所に集事をいとひ、別屋敷・別所を好み田畠を分候ゆへに、当年世の中能候間、一入《ひとしお》左様之者可㆑有㆑之候条、所帯《しょたい》を分候義堅く無用可㆓申付㆒候。兄懸《かか》りの弟、親掛りの子共成人《せいじん》仕、妻子を持可㆑申年ニ成候ハバ、部屋を作り或は仕切さしかけなどにて、朝夕一所にて給《た》べ、我・人の隔《へだて》仕間鋪《つかまつるまじく》候。一家之内ニ住候者、親子・兄弟ハ不㆑及㆑申、伯父《おじ》・甥《おい》・従弟《いとこ》ニ至迄、田地ハ我が田地の如く、所帯ハ我所帯の如く、互ニ慎《つつしみ》助合可㆑申候。……只今迄別所帯仕候ものども迚《とて》も、身体《しんだい》難㆑成様子ニおゐてハ別家を崩し部屋となし、……只今より後ハ、所帯をわけ可㆑然もの有㆑之候ハバ、郡奉行・代官等寄合遂㆓《ぎん》吟味《みをとげ》㆒、已《い》来《らい》未《み》進《しん》仕間敷候、少の御救延米《のべまい》公儀へ申上間敷と、書物《かきもの》・判形を取、大帖ニ作り、後之郡奉行へ伝へ可㆑申候。右之様に慥成《たしかなる》者ならば可㆓申付㆒候。

……百姓之方より分度《わけたく》と存候には重々吟味可レ仕候。大方ハ不レ分を以善事と存候へ共、所帯分之事ハ郡奉行一人にまかせず代官相加也。

家父長的大家族のねらい

この法令は、貧農が飢人となる根本は、別家（別所帯）による田地の細分化にあるとの認識から、別家を原則的に禁止したものであって、典型的な封建的・家父長的大家族の構成をねらったものというべきであって、小農民の自立化の行き過ぎを是正する措置《そち》といえよう。しかし、年貢の完納を誓約し、藩からの救済を求めないような「髄成者」は、郡方役人が協議検討して許可する途をひらいているところからすれば、別家問題ひいては家族構成の在り方も、つまりは貢租を基準として処理されたことが明らかである。

潰百姓の続出

さて、光政の晩年にあたる延宝・天和ごろには、慢性的な天災・凶作がつづき、おびただしい潰《つぶれ》百姓が続出した。藩当局の調査によれば、延宝二年から天和元年まで八年間の潰百姓は、一、〇五三軒・五、〇三一人にのぼったといわれる。こうなると、一定数の百姓を維持しようとする藩当局は、潰百姓の地株《ちかぶ》を買得している者には、株継《かぶつぎ》別家を許可する方針をとり、光政の逝去した翌々年の貞享元年（一六八四）から実施されることになった。

株継別家の許可

(3) 譜代《ふだい》の解放

明暦元年の改革

明暦元年の郡中改革で、半奴隷的な譜代（隷属農民）は一定年限を切って解放されることになった。すなわち、従来から譜代として召しつかわれている者は、その者が十五歳以下で譜代になったものは十五年、十五歳以上でなったものは十年たてば、それぞれ解放されることになり、今後譜代となるものは、男は三十歳女は二十五歳を切って、主人の方から暇を出すか生計の途を立てさせることとした。なお他国へ人身売買を行ったものは、法にそむいた過料《かりょう》（金罰）を「首ノ代」として、無償で返させることにきめた。このような隷属的な下層農民を解放する政策は、しば

首の代

しば述べた小農民の自立化を促進する政策に即応するものといえる。因《ちな》みに、天和二年五月には人身売買を厳禁するとともに、年季奉公人の期限を十年に制限している。

天和二年の禁制

(4) 農民の撫育《ぶいく》・救恤《きゅうじゅつ》

免決定の基調

寛永十九年秋、光政は免の決定をめぐって郡代・郡奉行を、それぞれ処罰ないし譴責《けんせき》したことがあった。ことの次第は、年貢未進が過分になりかつ農民が疲弊するほどの高免を、郡代が主張したために処罰され、一方、可能な免をやや不当に低減したため、郡奉行は譴責をうけたのである。このことからすれば、光政は農民の再生産を阻害するような高免を課することを強く否定するとともに、再生産可能の限界において、年貢はできるだけ徴収しようと意図していたものといえる。

民力の培養が根本

年貢徴収についてこのように考えていた光政は、農本主義の立場から民力の培《ばい》養《よう》を強調している。ここから、農民に対する撫育《ぶいく》や救恤《きゅうじゅつ》の政策がうまれてくるのである。このような年貢―民力―撫育・救恤の関連の赴くところは、結局のところ、「士《さむらい》共ニ物成能《よく》とらせ、町人もうり物をしてすぎ」させるためであり、従って明暦元年に家臣たちが、光政は「百姓計《ばかり》ヲ大切ニ仕、士共ヲバ有《あり》なしに仕」るといって、彼の愛民政策に不満の意を表明したとき、「米ノ出来《いでき》て君臣・町人ともニやしなわるるハ、民が蔵なる事を不レ存候や。」(『光政日記』)と、その認識不足をとがめ、国全体が安穏に過せるのは、民力が安定して豊かなためであるから、要は、農民をして耕作に専念させるように仕向けることであると訓戒している。

安民思想

光政の安民思想について、『光政日記』には、寛文元年彼が郡奉行を説得したつぎのような興味ある言葉をのせている。

……皆々(郡奉行)申ハ、年々百姓すくひ候へ共、免も上り不レ申と申げに候。先其者ノ主意と我等（政光）ノ主意とちがい候処ヲがてん可レ仕候。下民《げみん》近年かんなんニ及候ヲ、能仕遣度《つかわしたく》と存候までニて候。よく成候へバ免も上り候がしるしニて候。又皆共ハ、能候ハ免ヲ上ゲ候ハン為と存候。此本意ちがい申事にて候。……右之主意ちがい候上ハ、末ニてハちがい候はづニて候。……むざと免もやすく仕へとにハ非ズ。あたハざる高免ヲ置、年々ノ仕置ヲ無ニ仕ざるやうにと申事ニ候。……つまる所ハ百姓つよく成、こうさくニ情（精）ヲ入させ候より外ハなく候。これ本ニて候。

すなわち、第一線で民政を担当する郡奉行たちは、農民を救恤するのは免を上げて貢租の増徴を計るためであって、救恤をほどこしても免が上らなければ、救恤そのものの意味がないと考えているのに対して、光政は、農民が艱難に陥っているのを建て直すために救恤するのであり、かくて拡大再生産が可能となれば、免はおのずから上がるものであるとして、郡奉行たちの考え方との間に基本的な相違があることを指摘している。もちろん光政とても、むやみに免を低くせよというのではなく、単純再生産をすらおびやかすような高免を課して、農民を疲弊させることは根源を枯らすものであるから、結局「百姓(が)つよく成」ることが、すべての根本であるというのである。

民政担当者への教導

そしてこの観点から、光政の民政担当者に対する農民撫育・救恤に関する教導がなされるわけである。例えば、農民を本来的にあたかも悪人・偽者《いつわりもの》であるかのようにきめつけて考える悪習を難じ、強圧的な態度でのぞまないで仁愛をもととすべきであると説き、あるいは、農民は米を食べないで雑穀や糠《ぬか》などを常食にするものであると見なすような、愚民観をするどく批判している。さらに積極的には、耕作の仕方や作物の時節などをよく教え、油断なく農事に精励するようにあなどらず礼義正しく導くべきであると諭している。

自省と限界

光政自身も、自分の農民救恤が高名であるにもかかわらず、農民を救恤して実

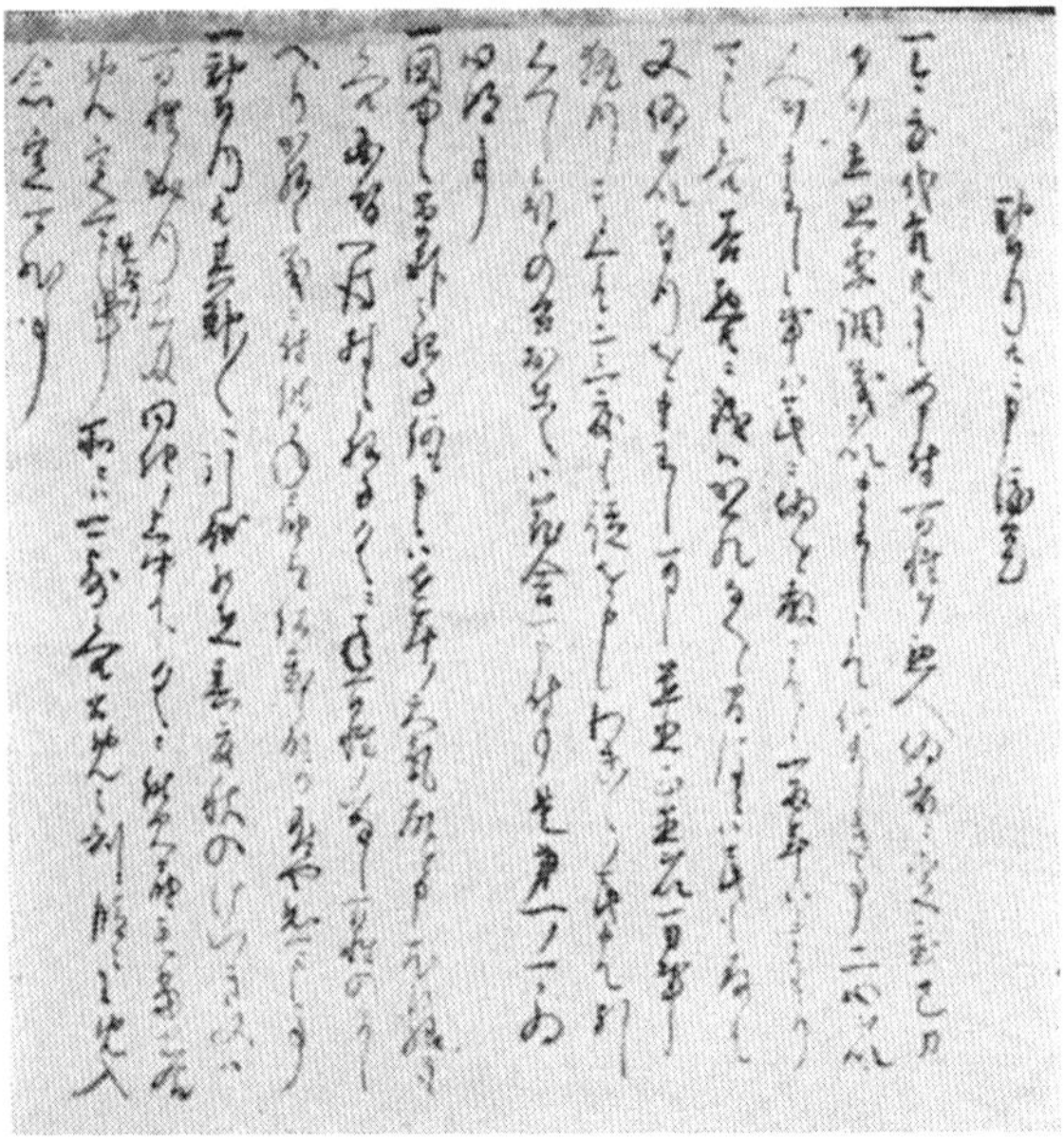

自筆の郡奉行への「申渡覚」
（岡山大学附属図書館蔵『池田家文書』）

郡奉行共ニ申渡覚

一今度代官共にも如申付、百姓ヲ悪人偽者ニ定置、己カ才ヲ立、思案調義ヲ以まわしたて仕ましき事。二心ヲ以人ヲまわし候事ハ民ニ偽を教にて候。一両年ハまわり可申候へ共、善悪共ニ誠ハかくれなく候間、後々ハ民も存候て、又偽ヲ以奉行をまわし可申候。慈悲正直ヲ以万事執行、其上ニて二三度も徒を申し、わきわきノ民まて引くつし候ほとの者於在之ハ、籠舎可申付事。是第一ノ可為心得事。（下略）

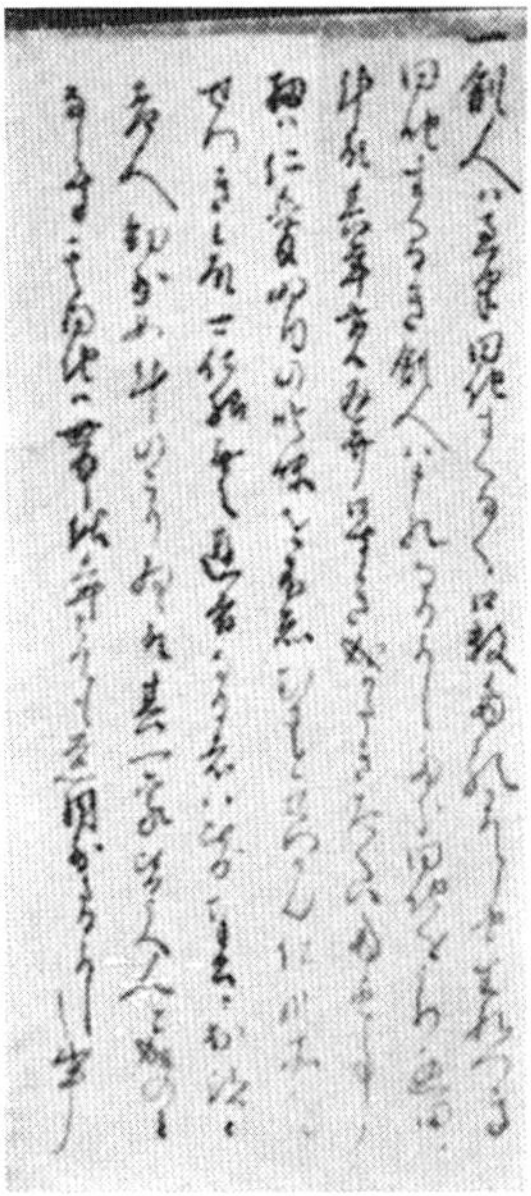
承応3年，光政

はその生産物を収奪するのであるから、真の意味での救恤ではないことを深く反省するところがあった。これは、学問から得た理想としての仁政理念と、封建領主としての現実的な方策との矛盾ともいえようが、封建領主のもつ仁政理念そのものの必然的な限界を如実に示すものと思われる。

仁君の名に値す

なにはともあれ、光政は撫育・救恤↓民力の培養↓年貢増徴の論理に立って、もちろんそれは封建領主としての限界をもつものではあったが、その考え方や態度において、彼の家臣たちよりは、あるいは一般の領主たちよりは、はるかに愛民的・安民的であったといえようし、その意味において仁君の名に値いするであろう。例の承応三年大災害に際して施した徹底的な救恤策は、「城に在レ之米・銀子《ぎんす》皆国中へ支配シ、不足ハ借銀可レ仕候。……物不レ入《ものいらざる》ヲ為と存《ぞんず》まじく候。一国之者困窮不レ仕が我等ノ為ニて候。借銀仕義、吾ゑよう(ぜいたく)ならバ辱事《はずかしきこと》なるべし。加様之時ハ少も不レ苦《くるしからざる》事候。」といって、天樹院を介して将軍から借用した四万両を分配させたが、そのとき、これはどんな銀子であるかを農民に知らせたり、「忝《かたじけな》がらせ」たりすることを厳禁しているあたり、まことに人民救済をもって天意に応《こた》えんとするものというべきであり、国主の責務と感じての行為であったと考えてよかろう。

免上げの否定

(5) 課役の免除

慶安元年(一六四八)に光政は、柿しぶ(渋)・溝役《みぞやく》・麻がら(幹)など七種目の課役を免除した。その主旨は、これらの課役は僅少なものではあるが、農民撫育の見地からすれば

「非義《ひぎ》」であると考えたためであるという。ところが家老のなかには、課役を免除するからには、免を少し上げるべきであると主張する者もあったので、光政は、それでは「右ノ手ヲあらい左ノ手ヲよごす」ようなものであり、農民に対する憐《れん》愍《びん》の心が無になると厳戒を加えている。

村役人の粛正

(6) 村役人の対策

村役人制度の変革については前に簡単にふれたので、ここでは村役人に対する粛正《しゅくせい》についてのべたい。光政は承応二年(一六五三)三月、大庄屋で私意をさしはさむ行為をしたものの役義を取り上げ、かつ、庄屋が平百姓に対して少しでも非分を働けば厳罰に処することとし、翌三年十一月には、代官に村役人の正路《せいろ》と不正路とを調査させるとともに、惣百姓がいやがるような庄屋は、郡奉行・代官が見はからって替えること、「大高作候者」(大農)が一般に庄屋になっているが、「小作

正路なものの見立て

之者」(小農)でも正路なものは見立てて庄屋に申付けよ、と庄屋任命制の改革を断行した。このとき、熊沢蕃山が主命をうけて領内を巡検して、この政策の実施に当ったようである。

さてこの改革には、家格・身分よりも個人的な人柄・才能を重視せんとする革新的な意図がうかがわれ、村役人の末端官僚化が計られたものとも思えるが、ともかく、光政の民政理念を実現するためには、必然的な措置であったと考えられる。しかし、家臣団の官僚化とちがって、根深い共同体内部における村役人の場合には、もとより単純に実現したものとは思われないが、僅かに残存する津高郡

農民の投げ文

農民の「投げ文」などによれば、相当の実効力があったものと推測される。

入札制

明暦元年の郡中改革のときには、庄屋の横道《おうどう》を指摘して、中には一家眷属《けんぞく》まで死罪に処してもよいものがあるとまで極言し、惣百姓の好む者を入札制によって任命することとし、もし異議を唱えるものがあれば、平百姓と対決《たいけつ》させて処分す

ることにした。

(7) 横役の廃止

横役とは

岡山藩ではいわゆる年貢のほかに、村々での諸雑費（主に庄屋の諸遣い）を高掛物《たかがかりもの》として平百姓に割り当てる慣行があり、これを横役《よこやく》とよんでいた。この横役の賦《ふ》課《か》は庄屋に任せられていたので、「横道」な庄屋はずいぶんあくどい事をしていたようである。光政は村役人を粛正して小農民を保護する立て前から、明暦元年遂にこの横役を廃止することとし、今までの横役の未納分まで帖消しにした。

庄屋田

ただし、単にこのように雑費の徴収を禁じたのみではなく、庄屋の給料を増したり、「庄屋田」を支給するなど、庄屋の不満を封じる手をも打っている。

小農民の保護

以上、七項目にわたって光政の農民政策をのべた。これらの諸政策を通してみれば、彼のよって立つ時代の動向に彼の仁政理念が即応して、小農民を保護してその自立化を促進せんとしたものであったことが知られる。そしてこのことは、つまり近世初期における封建農民体制の確立がどのようなものであったかとともに、光政に典型的に具現された初期大名の仁政の実体をうかがい知ることもできる。

五　土木事業

稀な土木事業家

光政は稀にみる土木事業家でもあった。彼が下命して行われた土木事業は、(1)諸施設の造営、(2)新田開発、(3)用排水工事の三種に大別し得るが、以下、それぞれについて主なるものの概略をのべよう。

(1)　諸施設の造営

年代順にあげれば、正保元年(一六四四)の東照宮の勧請《かんじょう》・造営、寛文七年(一六六七)の和意谷《わいだに》墓地の造営、寛文九年から十年にかけての学校（藩校・閑谷《しずたに》学校）の造営、などが主なるものであるが、学校については別の項目でのべることとし、ここでは前二者のみをとりあげよう。

全国最初の勧請

(イ)　東照宮の造営　光政は寛永二十年（一六四三）東叡山の天海大僧正を介して、東照権現（家康）の神霊を岡山に勧請して、城郭の鎮守として祀《まつ》りたいとの希望を将軍の内聴《ないちょう》に達していたが、翌正保元年六月一日、大僧正を通じて許可の返答を得た。ついで翌二日、大老酒井讃岐守忠勝と面談したとき、酒井は光政に向って、このたびの勧請のことは至極もっともなことであるが、これが全国最初の勧請であるから、これを幕府が推奨するような態度をとれば、今後、心にもない諸大名たちがわれもわれもと追従して勧請するおそれもあるから、岡山への勧請は目立たぬように簡素にされたい、との内意をもらしたという（『光政日記』）。かくて、上道《じょうとう》郡幣立《へいたて》山（現在岡山市門田（かどた））の地を卜《ぼく》して七月から起工し、同年十二月十七日に落成した（社領三百石）。

幣立山

日光丸

流鏑馬

因みに、同年中に東照宮を勧請したのは、当藩のほか広島・鳥取の両藩であった。権現の霊神は翌二年正月十九日金輿《きんよ》にのせられて江戸をたち、二月八日岡山に着いた。このとき、大阪まで迎え船として派遣された日光丸は、このためにわざわざ新造されたものであった。二月十六日から四日間、遷宮式以下の諸儀式が荘厳に執行された。正保三年以後毎年の祭礼には、家中武士の流鏑馬《やぶさめ》や町々から出した練物《ねりもの》などで賑わったようである。

勧請の真意

なお、光政が諸大名に魁《さきが》けて東照宮を造営した真意は必ずしも明らかでないが、『光政日記』正保二年三月六日の条に、家光の上意《じょうい》として、

新太郎儀ハ余人とちがい候条、権現様しんかうニ存候ハで不レ叶《かなわざる》儀と被ニ思召一候。

という記事がのせられているように、姻戚関係その他をめぐる家康との格別のつながりからして、将軍家光もそれを当然のことと考えていたようであり、また光

政が勧請しようとした発意も、そのようなことと無関係ではなかったろう。ただし、光政自身の鋭敏かつ剛毅の性格や、その後の微妙な対幕関係の推移などから察すれば、単に私的な親近関係に基づくものとは考えられない。そこには、幕府に対する、あるいは家臣に対する、さまざまなジェスチュアーが読みとれないだろうか。

妙心寺護国院

(ロ) 和意谷墓地の造営　光政の祖父輝政・父利隆をはじめとして、叔父政虎・利政および弟政貞などの墳墓は、京都妙心寺の塔頭《たつちゆう》護国院にあった。ところが同院が火災にあったので、慶安元年にそれらの霊位は桂昌院へ移置されていたが、なにぶん岡山ともほど遠く、かつ墳墓の看守もいなかったので、かねてから光政は、その墳墓を領内の適地に改葬しようと意図していた。

和意谷敦土山

寛文五年二月光政から改葬の適地を物色《ぶつしょく》するように命ぜられた津田重次郎（永忠）は、各郡を巡検して、翌六年和気郡内の数ヵ所を見立てて言上したので、同年十月光政は津田に案内させてみずから候補地を検分して、同郡脇谷村の敦土山《あっちやま》に決定した。のち一般にこの墳墓の地を和意谷《わいだに》というのは、光政の命で脇谷を和意谷と改めたからで、従って正式には和意谷敦土山というべきである。

遺骸の遷移

一方、妙心寺内の祖考《そこう》の遺骸を遷させるため、光政は詳細な「覚書」を渡して、池田美作《みまさか》・稲川十郎右衛門を上洛させ、両人は遺骨を納めて、寛文六年十二月末に片上（備前市）へ着いた。翌七年正月に改葬地の諸普請および墓誌・墓表の担当を、津田重次郎に命じて着工させた。寛文九年に全工事が落成したので、同年三月十六日墓祭を執行するために、光政もはじめて参詣した。工事費は総額銀百八貫目、ほかに夫役のべ十万人を要したといわれ、石材は邑久《おく》郡犬島の花崗岩《かこうがん》を用い、片上から和意谷までひき上げるのに三十九日かかったという。

儒道の古制

「一の御山」は輝政の墓で、「播備淡三国主源相公墓表」の篆額《てんがく》は光政の自筆である。「二の御山」は利隆および夫人鶴子の墓で、光政自筆の篆額は「武州刺《し》史《し》拾遺《しゅうい》源朝臣墓表」である。なお、輝政・利隆両者の墓制は、いずれも光政が儒道の古制に則《のっと》って造営したものである。

宇喜多堤

(2) 新田開発

岡山藩の新田開発は児島湾沿岸に集中しているが、その先鞭《せんべん》をつけたのは宇喜多秀家である。すなわち、秀家は天正年間に備中倉敷から早島にかけて、いわゆる宇喜多堤を造築して、児島湾の人工的な陸化の口火を切った。前《ぜん》池田氏時代には、沿岸各地に小規模な新田がかずかず造られたが、本格的な新田開発は光政によって着手された。

光政祖父輝政の墓（和気郡和意谷一の御山）

古田と新田

光政はすでに寛永十五年に、領国内で新田に開発すべき地所があれば、見立てて上申するように郡奉行に命じており、明暦二年八月には、田地の不足を打開して安民を計るためには、新田の開発を不可避のものとして、たとえ当座の支出がかさんでも積極的に開発すべきであるとし、かつ、今後は新田を高請地《たかうけち》にしないと保護政策を講じている。ただし、同年十二月には、「古地之障《さわり》に不ㇾ成新田所、随分見立可ㇾ申事。」と、やたらに新田開発をするのではなく、古地に支障をきたさない限りの新開を奨励しているのは、熊沢蕃山の意見が反映したものと思われる。

蕃山と永忠

ともかく光政は、新田開発に極めて積極的な態度をもって臨むとともに、新田を保護する政策をとったが、これは一般的な富強策であるのみならず、小農民の自立化を基盤とした本百姓の広範な成立に対処して、耕地の拡張が当然に要請されたことにもよるであろう。光政はのちに土木功者《どぼくこうしゃ》とうたわれた津田重次郎（永忠）を起用して、新田開発はもとより後にのべる用排水工事をも担当させたが、永忠より先輩で慶安—明暦期に番頭《ばんがしら》の重職にあった熊沢蕃山は、新田開発に対して光政—永忠のラインとは構想を異にして、「下に新田を発《おこ》し水をかけんとする故に、多くの古地損ずる也。新田多《き》は国の為よからず。おこらぬにはしかじ。」（『大学或問（わくもん）』）と、古地優先を強調した。かかる蕃山の新田反対論は、余りにも守旧的・消極的なものとして、経世家たちからは無視されがちであった。

民営新田の例

さて、光政時代の新田をその開発主体から類別すれば、およそ藩営と民営とに分けられ、民営はさらに土豪開発・百姓請負・町人請負などに細分されるであろう。そして初期は殆んど民営新田であり、本格的な藩営新田は、光政の致仕《ちし》後の延宝七年（一六七九）に竣工した倉田新田（岡山市）が最初のものである。

大阪町人と金岡新田

民営新田については史料の関係から、寛文四年（一六六四）ごろにできた金岡新田（二百三十二町歩・千五百七十九石）を例にとってみよう。大阪の町人鴻池屋仁兵

他国入百姓の無法

衛・金屋三郎兵衛・三好三折《みおり》の三人は組み合って、邑久《おく》郡片岡村および上道郡金岡村の二つの干潟《ひがた》を干拓《かんたく》して、約一万石の新田の開発を計画し、完成した新田は藩へ差し上げ、その代り工事費は毎年の年貢をもって返弁し、決済が終ったときに「名田《みょうでん》」二千石をもらう条件で請負ったが、金岡新田だけようやく取り立てたが、片岡村の方は手をつけることもできず、かつ、数年たっても経費の算用も全くはかどらず、いつになったら年貢が藩庫へ入るようになるか見当もつかぬ状態であり、しかも、金岡新田への入《いり》百姓約八十人のうち、二十四―五人は各方面からの他国者であって、その素性《すじょう》も明らかでなく、宗門手形は持参しているもののキリシタンの取締りも不徹底であり、長脇差をさしやくざの風体《ふうてい》をして法度《はっと》も守らなかったので、藩当局は借銀をして工事費を銀元《ぎんもと》に支払い、新田は全部取り上げることにした。ついで、他国からの入百姓を全部追っ払って、国内の僧侶で還《げん》俗《ぞく》したものなどを入植《にゅうしょく》させることにした。

このようなトラブルを起した町人請負新田の失敗にこりてか、以後は藩営の新田開発の時代に入っていった。つぎに、最初の藩営新田である倉田新田についてのべよう。

藩営新田の例

倉田新田

延宝七年(一六七九)竣工した倉田新田(約三百町歩・五千石)は、津田永忠が計画して上申したものを、隠居していた光政が命じて開発させたものである。この新田には倉田・倉富・倉益の三ヵ村がおかれ、倉田新田はその総称である。なお、この新田への用水として開鑿《かいさく》さ

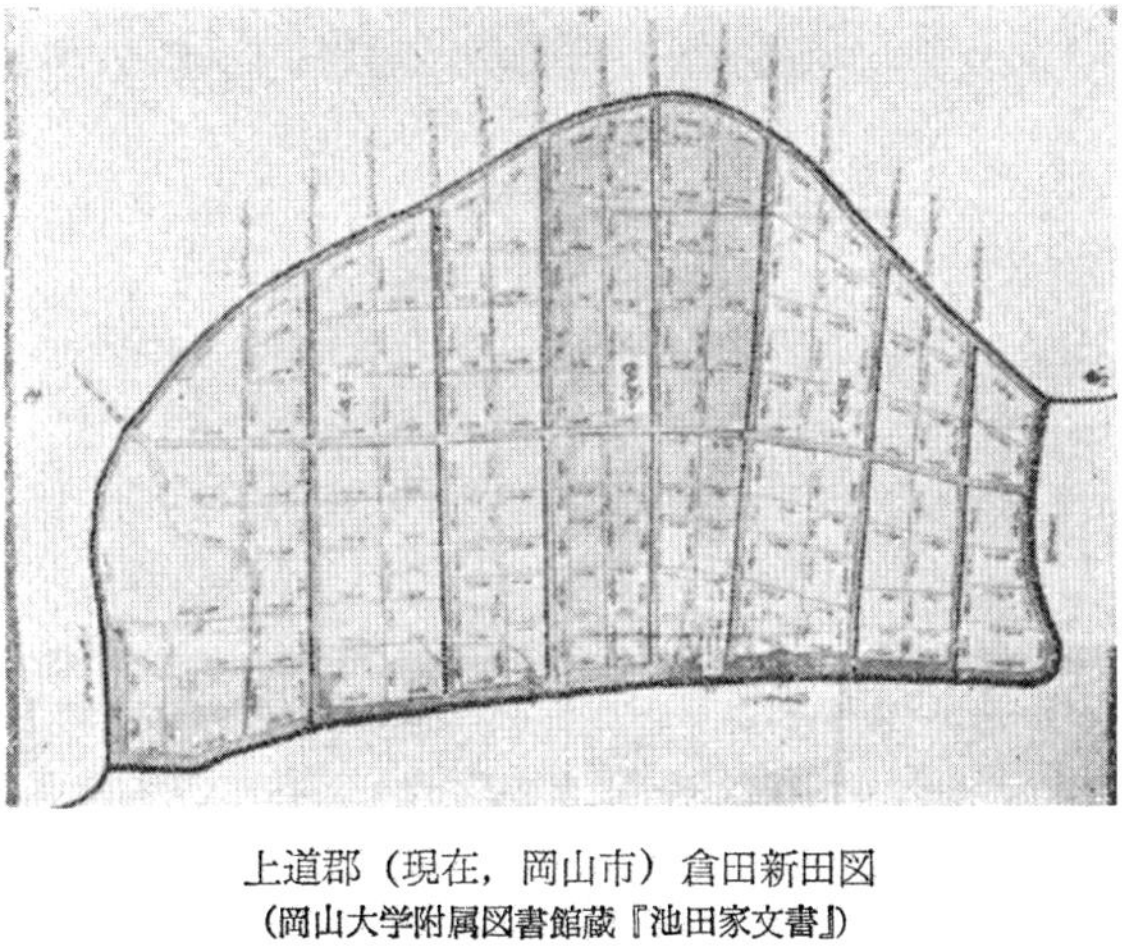

上道郡(現在，岡山市)倉田新田図
(岡山大学附属図書館蔵『池田家文書』)

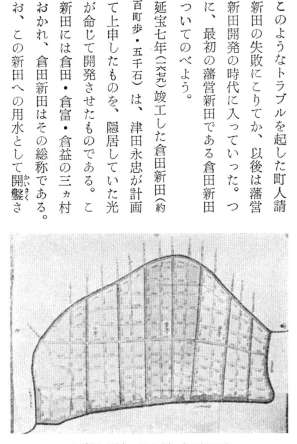

地割り

れたのが、後に述べる倉安《くらやす》川である。新田地の「割渡」しの方法は、まず一反当りの地代銀を三十匁とし、地割りは「置くじ」として渡したといわれ、割渡しをうけた百姓は五十一名で、うち他領者が二名含まれていた。

社倉米制度

倉田新田を開発した当時は、前にも述べたように藩財政が逼迫しており、きびしい「簡略」が行われていた時期であったので、この普請入用には主として社倉《しゃそう》米《まい》があてられた。社倉米の制度は寛文十一年(一六七一)の津田永忠の立案建議に基づくもので、その要旨は、承応三年本多下野守忠平に嫁した長女奈阿子に、光政は湯沐《とうもく》銀千貫目をつかわしたが、実は毎年銀五十貫目を定額として送付することにした。

二割の利息

津田の建議でこの銀千貫目を借用して、そのうち二百五十貫目を二割の利息で貸し付ければ、一年の利銀が五十貫目となってこれを奈阿子へ毎年進上し、残り七百五十貫目を、一石銀五十匁として米に替えて一万五千石の米を得るが、これを御野《みの》郡七日市村の社倉蔵に貯えておいて、同じく二割の利息で貸し付けて利米を得ようとしたものである。そして数年後には、元銀を返納した上に多額の利米を残すことになり、それを低利で農民に貸与するかたわら、諸種の藩営土木事業に投入することにしたわけである。

新田開発高

なお、前《ぜん》池田氏時代に開発した新田高は約二一、七六〇石であり、寛文四年に幕府へ提出した『備前備中古新田帖』の新田高が約三四、二六六石であるから、寛永九年から寛文四年まで約三十年間に、約一二、五〇六石の新田高が産み出されており、光政の逝去した直後の貞享元年の新田高が六一、七七七石であるから、光政の在世中に約四万石の新田が開発されたものとみてよかろう。

(3) 用排水工事

倉安川の開鑿

新田へ灌漑するための用水工事で著名なものは、前にのべた倉田新田への用水路である倉安川の開鑿《かいさく》である。倉安川は倉田新田と同じく、津田永忠の建議・設計に基づいて光政の命で着工され、延宝七年八月に竣工したもので、工事費の額は詳《つまび》らかでないが、社倉米の利子があてられたことは明らかである。

この用水路は、上道郡寺山・内ヶ原両村の崖《がけ》をうがって、吉井水門から東川（今の吉井川）の水を取り入れ、吉井・海面《かいめん》・円山・湊・平井の各村を貫流して、西川（今の旭川）へ注ぐ延長約十七キロメートルの水路で、はじめ新川といったが、延宝七年十二月津田の意見通りに倉安川と改名したのである。

前に述べたように、倉安川は藩営の倉田

倉安川（取入口の附近）

新田への灌漑用水を第一義に開鑿されたものであるが、この用水路から浦間《うらま》用水・松崎新田用水・海面用水・福吉《ふくよし》用水など、多くの用水路が分岐しているので、その灌漑地域は著しく広範囲におよんでいる。

倉安川は新田用水路たるのみならず、吉井・旭の両川を結ぶこの水路は、第二義的には高瀬舟を通行せしめて、物資運送の利便をも果す運河でもあった。延宝七年十月十九日光政は帰国の途次、和気郡坂根村から川舟に乗って、開鑿後間もないこの新川を下って帰城している。一般の高瀬舟は年貢米や薪などを積んで吉井川を下り、川水の取入口にあたる吉井水門をくぐって、倉安川を下って旭川へ出たものである。ただし、もともと倉安川は川幅もせまい浅い川で、そのうえ八つの水門があり、川舟の自由な運行には困難はあった。

百間川の築造

排水工事の代表は百間川の築造である。承応三年の大洪水のように、旭川が出水すれば城内まで浸水することがしばしばあったので、旭川の洪水から岡山城下を守るために、上流の竹田村（岡山市）の堤筋へ竜《たつ》ノ口の下から大荒手をつけて、出水のとき城下の大橋である京橋の雁木《がんぎ》が二つ残る時に、川水がこの大荒手をこえるように計画し、幅百間の排水路を築造して、悪水は上道郡沖新田に至って海に注ぐようにしたのである。いまにこの排水路を百間川とよんでいる。

排水路としての百間川の築造は、熊沢蕃山の遺策を、寛文九年（一説に貞享三年）に津田永忠が施行したといわれる。永忠は土木功者として、新田開発および用水路の造営や、諸施設の設置に当るとともに、この悪水抜きの百間川の工事をも担当するなど、光政に重用されて実践的な経世家として縦横の手腕をふるった。これに対して蕃山は、学問・思想方面の指導者として藩政に参画したかたわら、治山・治水の重要性を強調して、古田畑の荒廃を防止することをむしろ優先としたようである。このような蕃山の主張からすれば、百間川の築造はまさに蕃山的な発想である。

光政も蕃山の建策をいれて、堤防の築造につとめたことは、『有斐録』に「国中堤防殊に力を尽せり、是熊沢氏の教を受用被レ遊《あそばさ》るる故也。」とあることからも明らかである。そして蕃山は『大学或問《わくもん》』の中に、百間川のことに言及したと思われる次の文章をのせている。

『大学或問』

諸国の川々仁政を本として普請せば、田地の水損なく民屋の憂なかるべし。西国（備前をさす）にて大川（旭川をさす）（床）の下に城あり。士《さむらい》屋敷・町屋城下にあり。度々の水破にあへり。川どこいよいよ高く成たれば、重ての洪水には人も死すべし。家中・町共に流れんことを憂ふ。これに依て予川よけ（除）の道を教ゆ。予がいひたる様に全《すべて》はなけれ共、大形にはしたりし故、其後数度の大雨にて水出たれ共、城下つつがなし。

因《ちな》みに、藩政時代には百間川は流作場《ながれさくば》として利用されたであろうが、旭川の改修が完成した今日では、この川床一面は豊饒《ほうじょう》な沃野《よくや》となっている。

六　経済政策

光政の治世当時の経済史料は、極めて少なくかつ断片的で不明な点が多いが、簡単に商品の生産と流通を中心とした経済政策をみておきたい。

主なる商品作物

当時の主なる商品作物には、木綿《きわた》・藺《い》・菜種などがあって、木綿・藺の栽培については、寛永十九年（一六四二）の法令で、木綿は豊作であれば本免のほかに、反別に米三斗の過料が追徴され、不作で立毛《たちげ》がないときでも過料はとられることになっており、藺を植付けた田は上々毛《じょうじょうもう》とされ、藺の跡作《あとさく》としての稲や畠作物は、どんな場合でも上々毛と規定されることになった。要するに、木綿・藺はともにその栽培は公認されており、かつ高く評価されていたことがわかる。因みに、藺の栽培および畳表の生産は、備中領分が中心であった。菜種については寛文六年

菜種と麦の競合

（一六六六）に、畠に菜種を多く作るので麦作の減少をきたす現状から、菜種と麦の競《きょう》

合《ごう》をいかに解決すべきかが論議されたが、郡奉行たちの意見によって、年貢上納に有用であるとの理由で、菜種栽培を百姓の「勝手次第」に任せることにした。これらの商品作物は、寛文期ごろから本格的に行われはじめた新田開発をまって、一段と進展して行ったものと思われる。ともかく、当初から商品作物の栽培はかなり放任的であったと思われるが、自給生産が主で産額も大したことはなかったようである。それでも、商品としての綿実・木綿《もめん》・畳表・菜種油などが、僅少ながら流通過程に上ったようである。

製塩

製塩は邑久《おく》・児島両郡に早くからみられ、伝統を誇る邑久郡鹿忍《かしの》塩は、領主の御用塩として貴ばれた。塩田面積は児島郡の方が広く、寛文―延宝ごろには約四十町歩で、領外市場へも相当量移出されていたようである。

酒造

つぎに酒造についてみよう。寛永十九年十月に「国中酒造所」として、城下のほかに牛窓《うしまど》・下津井・片上・虫明《むしあげ》・和気・金川・周匝《すさい》・建部《たけべ》・天城《あまき》・西大寺・福

在町

岡・鴨方《かもがた》・八浜《はちはま》の十三村が指定された。この十三村はいわゆる「在町《ざいまち》」とよばれるべきもので、在方商業の中心地でもあった。因みに寛文年間の酒造米の量は、城下で一万五千石、在方《ざいかた》は五千石であった。

運上銀

このような商品生産に対して、藩側ではかなり自由営業を認めていたものと思われるが、運上銀の上納については統制の手をのばしていた。光政致仕《ちし》後の延宝四年(一六七六)には、炭運上・伊部《いんべ》釜《かま》運上・塩運上を課しており、翌五年には木綿実《きわたみ》座《ざ》・畳表問屋などに新規に運上を課したが、この段階では運上銀も僅少であって、藩財政の補充に足るほどのものではなかった。

問屋・仲買

商品の流通とそれに対する藩側の政策はどうであったろうか。

『光政日記』によれば、慶安二年(一六四九)三月光政は、城下の問屋木屋了喜《りょうき》・道《どう》与《よ》の両名を国払《くにばらい》に処している。その理由は、この両名が特権的な問屋として、かずかずの専断を行ったからである。光政の時代には、この木屋をも含めて約四十名の有力な御用町人がいたと思われ、さらにその中のある者は問屋として、商品の流通過程を掌握していたわけである。このように城下問屋のおこりは古くさかのぼり得るが、問屋・仲買が本格的に発展しはじめたのは寛文ごろからである。たとえば、寛文八年(一六六八)には十七人の米仲買、同九年ごろには十五人の魚問屋、延宝五年(一六七七)には数人の綿実《わたのみ》座と十人の材木問屋、同八年には八人の茶問屋と二百六十三人の万《よろず》売買株が、それぞれ公許されているのである。これらの特権商人が領内の商品流通を握り、それに対して藩当局は、目付を派遣して仕入れ値段を調べさせたり、炭・薪・雑穀などの他国売りを禁止または制限したりして、統制の手を延ばしているが、かなり解放的な営業を認めていたようであって、財政の見地から統制が強化されるのは、やはり元禄以後のことであった。

在出商人

　農村商業の中心地は前に述べた十三の在町《ざいまち》であって、商品を扱う主体はいまだ城下よりの「在出《ざいで》商人」であった。彼らの多数は「ざるふり」とよばれた行商人

公認の商品目

で、寛文八年には扱いうる商品を、農民の生活必需品である「あミ・ざこ・塩・あらめ・茶・油・明《あか》し松・桶ひしやく・二ツこぎ・ゆりぶた・農具」の十一種目に限定して、農民の消費生活は極度に押えられていたようであるが、一面では、当時の商品生産の未発達をも示しているといえよう。ただし、天和三年(一六八三)には「はた道具の類」などの七種目が追加された。

大阪登米

領外への商品流通については、貞享・元禄以前のことは不明の点が多いので、ここでは大阪登米《のぼせまい》を中心にみよう。延宝四年以後は鴻地喜右衛門が、江戸廻米《まわしまい》を一手に引きうけることになったことは前に述べたが、この廻米は江戸在勤の藩士の扶持《ふち》米が主で商品流通とはみられない。商品としての米が重要なのは大阪登米である。寛文九年十月から翌年七月までの大阪登米は、藩の蔵米だけで八四、二〇〇俵といわれ、その輸送には藩内の民船をして強制的に当らせた。すなわち、岡山城下・金岡・西大寺(岡山市)・片上(備前市)・北浦・小串・郡《こおり》(岡山市)の七町村を加子浦《かこうら》

加子浦

大阪蔵元

に指定して、舟数に按分《あんぶん》して輸送する義務と独占権をもたせた。これらの加子浦は、特権もあったが欠米《かけまい》を賠償《ばいしょう》する責任をもたされていた。藩の大阪蔵元は、前記の天野屋・伊丹屋の両人であったが、伊丹屋は光政が大阪を通過するときに御《ご》機嫌《きげん》うかがいにも出ず、かつ仕事が不熱心であったので明暦二年(一六五六)に免職となり、代って伊勢屋を登用するわけである。天和二年(一六八二)には倉橋屋が加わって三人になったが、天野屋が赤穂浪士の事件に連坐して断絶したので、鴻池善右衛門がこれに代り、やがて鴻池が蔵元を独占して活躍するようになるのである。

七　学校教育の振興

政治と教育の一本化

光政が教育的な政治家であったことは前にもふれた。彼は政治と教育とを一体化することに、領国支配の眼目をすえていたといえよう。治者としての彼は自ら学問の修業に専念するとともに、彼の好むと同じ学問を修業するように、強く家臣に勧奨するのみでなく、広く領民一般にもその意図をおよぼそうとした。そして、その学問の骨子はいうまでもなく、儒学とくに王学(心学)であったことは否定できない。

(1) 藩校の設立

花畠教場

光政はその政治理念である徳治主義・仁政主義を徹底させるために、まず、家臣の修学機関を設けることを決意した。すなわち、全国に魁《さきが》けて早くも寛永十八年(一六四一)、岡山城下はずれの上道郡花畠の地に「花畠教場」を設け、「諸生教諭の為め花園会約《はなぞのかいやく》と題せる壁書《へきしょ》」をかかげて、修学の士を集めて王学と武芸を修業させたのである。

花園会約

花園会約はいわゆる学則にあたるもので、一名花畠会約ともいわれ、一般に熊沢蕃山の撰文《せんぶん》といわれるが、この会約が作られた年代を寛永十八年とすれば、蕃山は寛永十五年に岡山を去り正保二年(一六四五)に再び来り仕えたので、当時彼は岡山に居なかったわけであり、かつ、彼が中江藤樹に入門を許されたのが寛永十九年であることからすれば、寛永十八年説をとれば会約の作者を蕃山とすることは無理である。ところが、井上通泰氏の説のように、会約の作られた年代を慶安三年(一六五〇)とすれば、この年は蕃山が一躍《いちやく》三千石の番頭《ばんがしら》に昇進したときでもあるので、彼を作者とすることは十分可能であるが、同じく藤樹の高弟で光政に仕えた中川権左衛門(謙叔)としても差支えないわけでもある。要するに、この会約の作成年代には諸説があって未確定であり、かつその作者もはっきりしないというのが正しいように思われる。ただ、会約全体をつらぬく根本精神が、王学の「致良《ちりょう》知《ち》」にあり、かつ蕃山の岡山藩学に占める地位などからして、作者を蕃山とすることは妥当であるかも知れないが、それでは作成年代を少なくとも正保二年以後にすべきであろう。

致良知

要は、学問・教育のことであれば直ちに蕃山に結びつける考え方は、新田・用水の事業を一から十まで津田永忠に付会《ふかい》する説と同様に、改めて厳正に批判されねばならぬということである。

家臣教育のねらい

さて、花園会約は全文九ヵ条から成っており、その主眼はつぎの第一条にもられている。

……それ武士は民を育《はぐく》む守護なれば、守護徳なくては不ㇾ可ㇾ叶《かなうべからず》。其徳の心にあるを仁義といふ。天下の事業にあらはるるを文武と云。故に明にして慈愛あるは文徳なり。明にして勇強なるは武徳也。良知《りょうち》明なれば此徳素《もと》より我に備はれり。是《この》故に今諸士の会約致良知を以《て》号とす。……

これによって、光政の家臣教育の目的が、人民育成の任を負う士の徳性の涵養《かんよう》にあり、その主張が王学の致良知に求められたことが自明である。

石山仮学館

寛文六年(一六六六)十一月光政は、泉八右衛門(蕃山の弟)・津田重次郎(永忠)両人に命じて、城内の石山に「仮学館」を設けさせ、花畠教場を廃して諸生をここに移した。

光政がこの仮学館の設立にいかに熱意をもっていたかは、「学校ノ事我等数年ノ願ニて候間、さほう(作法)よきやうニじやうじゆ願候。……」(『光政日記』)と、家老池田伊賀に指示しているところからも知られる。開業式当日に『孝経』の巻頭を講じたものが、万治元年(一六五八)京都から招聘《しょうへい》された朱学者三宅可三であったことは、当時の藩校の学風が、王学から朱学に転換していたことを示すものである。開館当初の入学者は中士以上の子弟十七名で、翌七年には六十六名にふえ、その中には京都・紀伊(和歌山県)・江戸・近江(滋賀県)・播磨(兵庫県)などの、他国からの入学者も五名あった。寛文六年には「掟《おきて》」「不行儀之覚」などの諸則が定められたが、講釈のとき「物むざ」ということ、「ざれごと」をすること、戸障子を手荒にあけること、音をたてて走ること、などが不行儀として禁ぜられていた。

朱学者三宅可三

諸規則

藩校の開設

石山の仮学館の就学者が漸増《ぜんぞう》したので、光政は寛文八年十二月に西中山下に学校を新築することを命じた。かくして本格的な藩校は翌九年閏十月に開校し、学校領として二千石がつけられた。光政は開校式には、当時明石に在住していた蕃山を招いて規式を執行させ、三宅可三に『孝経』を講じ

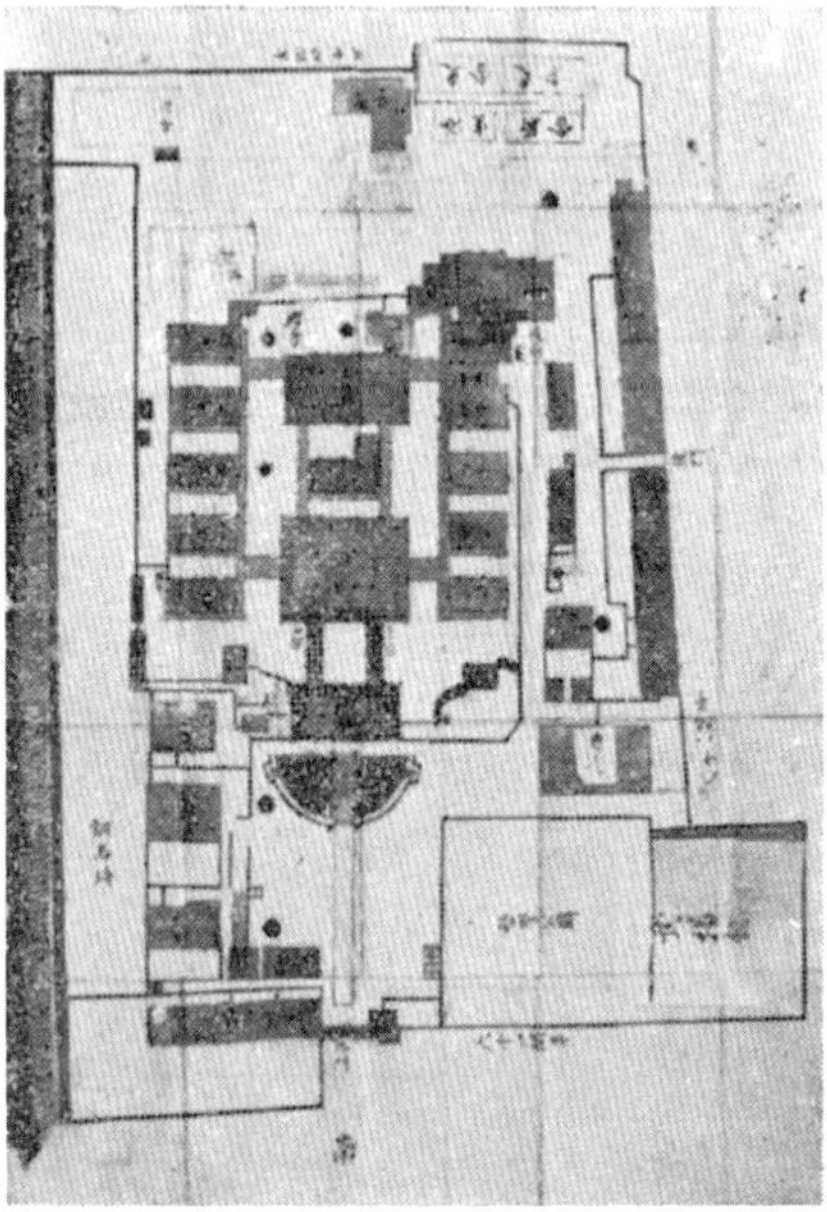

岡山藩校の図

岡山藩校唯一の遺跡である泮池《はんち》

させた。学校職員には奉行・奉行添役各一名のほか、講釈役・演武教師・授読師などがおり、入学者の規定は仮学館当時と大同小異であるが、寛文十一年には家中の宗子《そうし》（世嗣ぎの子）で十一歳以下の者の入学を義務制としたが、延宝二年（一六七四）には八歳から十九歳までの入学を希望によることにかえている。学科目は儒学・礼楽・習字・武芸などで、生徒数は天和二年（一六八二）までは、小生（八歳以上で前髪のあるもの）は百四十一名、小侍者《こじしゃ》（農民の子弟の中から挙用されたもので、吏員や教師の使役をつとめるもの）は六十七名を限度としていた。

小生と小侍者

大生

純粋朱説

小生は習字・読書・習礼・槍術の修業をし、大生（小生で前髪をとって以後十九歳までのもの）は、講釈式日に出席して聴聞《ちょうもん》し槍術も修業した。毎年の儀式として、二月に釈菜《せきさい》（孔子の祭）が執行された。学問は「純粋朱説」を守って、四書五経・史書を学び、詩賦《しふ》・文章も才能に応じてなされ、武芸は槍術を主体として、乗馬や鉄砲の稽古《けいこ》も行い、楽人の指導で音楽も習得したようである。このような岡山藩校を蕃山は、「学校の立よう武家の情にかなへり。後世法をとる人あるべきか。」（『集義外書』）と評している。

(2)　手習所の設置

庶民教育機関

光政は藩校の設立と相前後して、寛文七年一月各郡に手習所を設置して、庶民の子弟に孝悌《こうてい》の道、『孝経』『小学』四書などの読書、習字・算用などを学ばせようとした。まず、同年三月城下に町人子弟の手習所を設け、翌八年に「百姓小年の者学文すべき」所として、郡中に百二十三ヵ所の手習所を設置した。

手習所の仕組

つぎに、寛文十一年ごろのものと思われる「郡々手習所 幷《ならびにしようし》小子ノ事」(『池田家文書』)によってみれば、手習所は五－六ヵ村に一ヵ所の割合で設けられたが、所によって分布密度に相異があった。師匠は大体一ヵ所に一人の割りで総計百二十九人おり、その身分は庄屋ないしはその子弟が圧倒的に多く、ついで神職・医者があり、まれには浪人や百姓の子弟もいた。因《ちな》みに、庄屋やその子弟は、半年または一年交替で勤めたようである。なおこのほか、藩校の指図によって、物読師として藩士

（歩行（かち）格の者）が派遣されたこともあったようである。

小子

手習所に通学する者は小子とよばれたが、この小子の総数は二千百五十一人で、一手習所あたり平均約十七人であり、最も多いのは邑久《おく》郡牛窓村手習所の五十三人で、最少は備中中田村の二人であった。なお小子の中には、郡中に在宅していた郡奉行・代官・在番人《ざいばんにん》などの子弟が、二十三人ほど含まれていた。小子の年齢は十歳前後が最も多いが、四歳から二十六歳までで、年齢のひらきは大きかったようである。

教育内容

手習所の教育内容は、手習（習字）・算用を主として、読書は希望者のみに課することになっていた。さて、村役人および上層農民の子弟は、一ヵ月十五日義務的に通学させることにしているが、その理由は、「右之者共は年長じ候得ば、皆公用を勤むる者共にて御座候。左《さ》候得者《そうらえば》、物書・算用不レ仕候て不レ叶《かなわざる》儀に御座候間、此旨被二仰聞《おおせきけられ》一、望不レ申候共手習所へ御出し……」となっているところからすれば、手習所は一面では、義務制の村役人養成機関でもあったといえよう。なお、村役人および有力農民で希望するものには、年間一両度、手習所で講釈を聞かせるようにしていた。

経費

手習所の経費（師匠給米と雑費）については、農民の好学心を盛り立てるために、当分は郡中の新田年貢米および藩庫米で支弁するが、五－七年も経過したら父兄の負担にさせる方針であった。寛文十一年の調査では、一手習所の年間経費は二十五石ないしは五十石ぐらいであったから、全手習所の年間支出は藩側にとっては大きな負担であり、もしこれを父兄の負担にすりかえれば、その殆んどは経営不能に陥るであろうことは明らかである。寛文十二年十二月付けの、大目付水野作右衛門の建白書によれば、手習所は開設後五－六年で主として経費上の理由から、和気・浅口両郡以外は次第に衰微しつつあったことが知られる。

設置の趣意

最後に、手習所の設置をめぐる光政の趣旨、および指導担当者の見解についてみよう。これについての重要な手掛りは、延宝元年(一六七三)二月津田重次郎が郡中の手習所を巡視したときの、村役人・手習師匠および一部の農民たちへの訓示である。その内容を事項別に列挙すれば、つぎの通りである。

(1) 寛文六年に実施した寺院淘汰《とうた》およびキリシタン神道請《うけ》制度(後述)によって、僧侶の還俗《げんぞく》・退去が続出したので、従前のように寺院での修学が困難になったこと。

国主の御役

(2) その結果、領民が無学・無算筆になることを領主が不愍《ふびん》に思って、領民の教育を「国主ノ御役」と考えて、手習所が設置されたものとしていること。

(3) 手習所で封建的農民として善良に訓育されたものがつぎつぎに輩出することは、村々の風俗を改良する上に大いに効果的であること。

愚民観

(4) 猿同様の農民子弟が、従来とちがって殆んど経費の自己負担もなく、手習所で修学して一人前の能力を身につけるようになっても、そのことは「上《かみ》ノ御為」には少しもならないが、そのようなことにまで領主が農民のことを考えて意を用いていることは、誠に有難いことではないか、という愚民観と恩恵主義が露呈していること。

光政の真意

学問好きの光政としては、領民を教育することは領主としての自己の責務と考えたであろうが、彼の手足となって働く役人を通して末端の領民に下達されたものは、このような権威の示威であり恩恵の押し売りであった。村々の風俗の益になるということは、領民のためでもあろうがむしろ領主側の利益であった筈である。

廃止の事由

さて、延宝二年十二月になって、手習所を一郡一ヵ所に減らすこととなり、さらに翌三年九月には全廃する羽目《はめ》となった。これは当時の藩主綱政が、隠居していた光政と相談した結果ではあったが、その表向きの理由は藩財政の窮乏であった。事実、当時の藩財政は危機的な状態を呈していた。すなわち、延宝四年では銀二、八〇五貫目の赤字であった上に、借銀の元利は一〇、一九五貫目に達し、家臣への俸祿も一段と低減せざるを得ない実状であった。しかし、単に財政上の理由からのみであっただろうか。光政とちがって綱政はむしろ学問嫌いであったといわれ、また、延宝二年ごろからキリシタン神道請の制度は崩れ始めつつあったが、これらは手習所の廃止と無関係であったとは思われない。

とにかく、手習所の全廃という一事からしても、光政が学問・教育に示した熱意は、彼の致仕《ちし》後は後継者によって低調化していったことは事実である。延宝三年九月から手習所の取り崩しが始まり、その書物や諸道具などは、つぎにのべる閑谷《しずたに》学校へ収納された。いわば、百二十三ヵ所の手習所は、閑谷学校に統合されたわけである。

(3) 閑谷学校の創立

郷学

藩校が「国学」であるのに対して、閑谷学校は「郷学《ごうがく》」である。寛文六年光政は和気郡木谷村（のち閑谷村と改む）の幽谷《ゆうこく》を巡見したときこの地を「山水清閑読書講学」の好適地として、ここにまず手習所をたてさせた。この手習所には、半六という師匠のもとに小子十六人が在学していたようである。ついで寛文十年には、津田重次郎をしてここに仮学校を設立するように命じた。このとき

津田重次郎による経営

光政は津田に向って、この学校は後世までも存続するようにと命じている。それまで学校奉行であった津田は、寛文十二年その職を免ぜられ、翌延宝元年八月からは閑谷に在宅して、この「閑谷学問所」の用務に専従することになった。寛文

津田佐源太永忠の墓（和気郡奴久（ぬく）谷）

十二年に飲室・学房《がくぼう》などが成り、延宝元年には講堂が完成し、木谷村の二八〇石を学校領としてつけられた。翌二年聖堂ができたが、貞享元年（一六八四）に改築して大成殿《たいせいでん》と名付け、同三年には光政を祀る芳烈祠《ほうれつし》も建立され、全貌が完成したのは元禄十四年（一七〇一）であった。かくして、延宝三年の手習所全廃以後は、閑谷学校が唯一の庶民教育機関となったわけである。因《ちな》みに、この学校は藩営の郷学のうちでも最も早いものの一つであり、その遺構は殆んど完全に現存し、国宝建造物に指定されている。

唯一の庶民教育機関

諸規則と仕組

さて、延宝二年四月に入学および修学の規則が制定されたが、それによれば、入学者は庶民の子弟を主体とするが、家中武士の子弟および他領者（一ヵ年限り）も含まれ、教育の内容と方法とは藩校に準ずるものであった。ただ、庶民子弟の教育内容については、「民間子弟多くは習字・素読《そどく》のみにて退校農業致さしむる故、専ら孝悌忠信之道を着実に講窮《こうきゅう》致させ、実行を本として、俊秀のものは其余

閑谷学校全景

中央左寄りの建物が講堂，その右後に聖廟（大成殿）と閑谷神社が並んでいる。

閑谷学校講堂

力を以て、博文に導き詞章にも及ばさしむ。」とあって、およそ手習所のそれに準ずるものであったといえる。職員には教授一人（士鉄砲格か歩行(かち)のもの）・見届二人（歩行）・授読師約十人のほか書物方などがいて、大体藩校の組織に似ていた。

綱政の閉鎖論

(4) 藩校の閉鎖をめぐる論争

手習所を全廃した延宝三年に、藩校の閉鎖をめぐって、光政・綱政父子の間に意見の対立がおこった。すなわち、綱政は同年六月十五日付けの光政への書状で、藩校をしばらく閉鎖したい意向を表明した。そもそも綱政は、当時の財政難をいかに乗り切ってゆくかについて、かねてから昵懇《じっこん》の間柄にあった大老酒井忠清に相談して、その対策を着々すすめつつあった。綱政の基本的な考え方は、幕府に対して直接的な奉公になる軍用・公用は、第一義的に欠くべからざるものとし、学校のように藩自体の問題であって直接の奉公にならないものは、財政難のおりから当分閉鎖して、財政に余裕《よゆう》ができたら再開してよいというのである。この考え方は、綱政と同様に学問嫌いの酒井への遠慮から出たものであった。

光政の絶対存続論

これに対して光政は、同年七月十九日付けの書状で、つぎのように反論するとともに綱政を教諭しているのである。そしてこの書状の内容は光政の人柄をよく表わしているので、長文であるがその要点を紹介しておきたい。

綱政への書状

学校之事止《やめ》可レ被レ申由、委細承候。学文ノ義貴殿へ申ほどの者ハ、何ノやくにも不レ立ついゐ（費）のミと可レ申と存候。しるしヲいそぎ申候心からハ、左様ニ申も尤《もつとも》ニ候。其故近年無二心元一存候キ。先年約束御申候上ハ、もはや人々申すとも貴殿心中動可レ申とハ不レ存候キ。然ル所ニ此度之書状ニて驚申候。就レ其《それについて》此中色々思案仕候ニ、とかく御止候テハ貴殿ノ為大キニ悪、かまひなき者ハ他より見候処も、当世者と可レ申候段、何より何より我等ハ迷惑ニ存候。我等の愚故《おろかゆえ》ニ存候ながら、もはや成次第とハおもハれず候故申ニて候。

学問の必要性

学問と財政

学文ハ人々上中下共ニ善事ハ不㆓申及《もうすにおよばず》㆒候。我等不徳ニて候へ共、取立候学校ヲ貴殿ノ代ニ成、間もなく御絶《たやし》候事悲しく候。其上人々心有者ハ、たのもしくも存まじく候。世間すきと可ㇾ申段きのどくに候。手前（財政）直リ候ハバ取立候ハんと御申越候。貴殿学きらいハ家中者共皆存ノ外ニて候へバ、調《ととのい》申まじく候。其上勝手（財政）直り候ギ年久事ニて候ハん間、我等存候ハ、今迄ノ入用大方二千石かと覚へ候。其内五百石御付候て、それニてことゆき候やうニ御申付尤《もっとも》ニ候。是も不ㇾ入《いらざる》事と御思候ハバ、隠居領之内ニて五百石可㆓申付㆒事、ひしと（きっぱりと）御止候よりハ、貴殿ノ為能《よか》らんと存候。此両様ハ御心次第ニ候。

井田《せいでん》（和気郡に設置）・手習所ノ事ハ、御心次第御止可ㇾ有候。閑谷《しずたに》ノ事ハ（学田の）折紙も御出《いだし》、其上少之事ニ候間、今迄ノ通御申付尤ニ候。

（このあとに酒井への返答の仕方を教示した文言があるが略す）

今迄ノ入用、今時ニハ少過《すこしすぎ》申候故、少々仕、不ㇾ絶様ニ申付候と御申候ハバ、いかな（学問を）きらいのうた殿（酒井）も同心ニて候ハんと被ㇾ存候。きらいの目からハ、何もかも学文故と見へ可ㇾ申候。なげかしく候。

光政の主張が通る

すなわち、光政はつねづね学問・学校の重要性について綱政に教示していたのに、綱政から前に述べたような書状を受けとったので驚歎するとともに、自分が丹精と熱意をこめて設置した学校が廃絶されることを深く悲しんだ。そして、井《せい》田《でん》と手習所との廃止についてはともかく異議をさしはさまなかったが、藩校（および閑谷学校）は絶対に継続すべきことを強調し、財政難のおりからやむを得なければ、二千石の学校領を五百石に節減するか、それも不可能であれば、自分の隠居領の中から五百石支弁するとまで力説している。この結果は、光政の主張通りに五百石（宝暦十一年に千石となる）に節減して存続することになった。

このようにして、光政は理想を貫いて学校を固守した。そして上記の意見対立にもみられるように、光政・綱政父子の性格はかなり対照的であり、また、両者の時代的背景の相異にも基づいて、幕府との関係およびそれに対する態度も、著しく変転しつつあったことがうかがわれるであろう。

八　宗教対策

光政はその思想・学問の立場から、寛文六年（一六六六）いくつかの大胆な寺社対策を断行した。その主なるものは、(1)寺院淘汰《とうた》（僧侶還俗《げんぞく》）、(2)神社整理（寄宮《よせみや》）、(3)キリシタン神道請《うけ》制度の採用、などであって、以下、順を追って簡単に説明しよう。

(1)　寺院淘汰（僧侶還俗）

仏教に対する非難

光政の異常なまでの儒道尊信は、反面において、出世間主義の仏教に対する厳しい批判となって現われた。すなわち神儒合一の見地から、儒道の尊信は神道の篤信と結び付き、ひいては寺院・僧侶に対して冷厳な態度をとらすようになった。

僧侶の邪見

寛文六年八月光政は、僧侶の現状を非難してつぎのように述べている。

今時……仏法は盛なれども、坊主たるもの多くは有欲・有我にしてけんどん《(慳貪)》邪見なり。己が不律破戒の言わけには、各《おのおの》我等如きの凡夫は善行なすことならず、慾悪ながら阿弥陀《あみだ》を頼み極楽に生ず。題目だに唱えれば成仏《じょうぶつ》すと云。是人に悪を教ゆる也。自今以後如レ此の邪法を説て、人心をそこない風俗を不レ可レ乱事。

また、当時光政は『日記』の中に、出家は地獄とか極楽とかたわいもないことをいって、役に立たぬ存在であるという意味のことを書いている。このような光政の仏法・僧侶に対する考え方には、僧侶を不義無道・貪慾《どんよく》なものであると論難した蕃山の思想的影響を、多分に認め得るであろう。

不受不施派を弾圧

そのころ幕府は、日蓮宗の不受不施《ふじゅふせ》派を禁制する政策を打ち出したので、それに則《のっと》って光政は、寛文六年領内の同派寺院を弾圧し、その僧侶の追放を断行するとともに、信者まで執拗《しつよう》に穿鑿《せんせく》して処罰した。中世以来の「備前法華《びぜんほっけ》」の伝統は、津高・磐梨《いわなし》・赤坂の諸郡を中心として守られていたが、寛文八年六月には磐梨郡の農民十七名が、不受不施派を固守して宗門改めをうけなかったので、それぞれ首を刎《は》ねられたり追放されており、翌九年七月には、赤坂郡西中村の不受不施派僧侶寿仙坊・覚乗院の両人は、転宗の態度を明らかにしないで逃亡したが、預り役を命ぜられた庄屋太左衛門は免職になっている。

一般寺院の淘汰

寺院の弾圧は単に日蓮宗にとどまらず、すべての宗派にわたって淘汰が行われ、多数の僧侶が追放されたり還俗させられたのである。さて、寛文七年七月大老酒井忠清への報告によれば、従前の寺数は一、〇四四寺、僧侶は一、九五七人、寺領は二、〇七八石であったが、このたびの弾圧で追放されたものは、不受不施派が三一三寺・五八五人で圧倒的に多く、真言・天台・禅・一向・浄土を合わせて、二五〇寺・二六二人となっており、合計五六三寺・八四七人が淘汰されたことになり、没収された寺領は約一四〇石であった。このような寺院・僧侶の淘汰は、寛文六年で終ったのではなく、その後数年間くりかえされたものと思われ、これによって、「備前法華」の名は「備前真言」に改められた形となった。

寺院淘汰によって僧侶は、立退《たちのき》・出寺・追放になったものもあったが、大部分は還俗《げんぞく》して俗名《ぞくみょう》に改めて帰農したが、また神職や社家に転じたものもみられた。いまその一例を示そう。磐梨郡元恩寺村の天台宗元恩寺三坊（三学院・智乗坊・宝積坊）の三人の僧侶は、寺の維持を困難にするような藩側の抑制策や、檀徒《だんと》の神道への転向などによって、還俗せざるを得ないような状態になった上に、郡《こおり》奉行や檀徒からの勧告もあって、ついに還俗を決意して俗名に改め、寺屋《じおく》を住居として神職または百姓になって、それぞれ五反－一町歩の耕作者になった。因《ちな》みに、還俗の意志を申し出たときに、料理に魚類を使ってそのしるしを確かめたこともあった。さて、還俗する場合には、田地・山林・家屋敷のほか、人によっては一代限りで還俗米を下付されている。

幕府の態度

このような光政の寺院対策に対して、幕府ではどのような意向を示したであろうか。幕府としては、このようなことはできるだけ幕政に準じて行うことを期待したので、水戸や岡山で独自の政策がとられたことは決して好ましいことではなかったが、結局、異例かつ極端な政策をなるべくとらぬように警告するにとどまった。つまり、幕府当局でも当時の僧侶が腐敗・堕落している実状を知っていたから、一方的に強くもいえなかったのであろう。

津高郡農民の抵抗

しかし領民の中には、光政の政策を非難して巡見使に「目安《めやす》」を提出したものもあった。この目安は、抑圧の最もひどかった不受不施派の本場である津高郡の百姓から出されたもので、その要旨は大体つぎのとおりである。

われわれは先祖代々の宗門をつぶされ、未だかつて知らない儒法に仰せつけられ、僧俗ともに非常な難儀な目にあっている。僧侶は国を去ったり還俗する始末であり、もし抵抗すれば、強制的に魚類をくわせて還俗するように責めたてるので、自害するものもあった。われわれとしては、天下一統の風俗になるように懇願する。

光政の釈明

以上のような、幕府側の警告や一部の領民からの非難に対して、光政は、僧侶が堕落しているため領民は次第に寺から離れる傾向にあったこと、領民の多数が領主の好む儒道に転じたので、寺院の檀徒が激減して維持が困難になりつつあったこと、このような一般的な情勢に即応して、郡奉行や代官が領主の旨をうけて還俗を勧告したまでであって、決して無理な弾圧を加えたのではないと強調している。なお、仏教を尊崇した綱政の代になると、このような光政の政策はくつがえされたのである。光政が備前の寺僧から、無法な暴君であるかの如く非難されていたこともうなずけよう。

(2)　神社整理（寄宮）

淫祠の破却

光政はただ単に、寺院・僧侶に対してのみ冷厳であったのではなく、領内の淫《いん》祠《し》をも徹底的に整理したのである。『御領分寄社記』によれば、領内各地の荒神《こうじん》と俗称する淫祠では、山伏・神子《かみこ》などが、病気・災難や狐狸《こり》のわざわいがあるとき、領民をたぶらかして、それらは荒神のたたりであるから祈禱してやるといって、領民の財産をむさぼり取ることが行われていたので、光政はそのことを憂慮し、領民の困惑を解消せんとして、幕府の寺社奉行へ申達するとともに京都の吉田家へも連絡をとった上で、代官頭三人に命じて、村々の産土神《うぶすながみ》六百一社および由緒ある神社のみを残し、淫祠とみられる一万五百二十七社を破却せしめ、一代

寄宮

官所に一社の原則で七十一社を、寛文七年吉田家よりの証印を勧請《かんじょう》して寄宮《よせみや》（寄社）とし、以後は新規に小社を建立することを禁じたのである。なお、このよう

旧上道郡大多羅村の寄宮（布施神社という）

な光政の寄宮政策にも、『大学或問《わくもん》』にみられる蕃山の神社に対する思想的影響が考えられるであろう。

さて時代は下るが正徳二年（一七一二）になって、七十一の寄宮のうちには社殿が荒廃し、あるいは祭祀を怠るものもあったので、綱政は再び寄宮の整理を企て、上道《じょうとう》郡大多羅《おおだら》村の句々廼馳《くぐのち》神社の境内を拡張して、邑久《おく》郡土師《はじ》村の寄宮などの五社を除いた六十六社を一つの寄宮に統合したのである。

(3) キリシタン神道請制度の採用

寺請制の無権威

前の寺院淘汰のところでものべたように、寺院・僧侶の存在意義は次第に失われつつあったといえよう。このような寺院・僧侶の手に、重要なキリシタン宗門の吟味をゆだねることは、宗門改め自体を権威あるものとするゆえんではなく、また、領民の多くのものが神儒道を信奉して、仏法を捨てつつあった実状からすれば、寺請《てらうけ》制度はもはや無意味・無権威なものであるとして、光政はついに寛文六年八月にキリシタン神道請（神職請）を断行した。そのときのお触《ふれ》はつぎの通りである。

神道請のお触

領民は仏法を捨てて神道・儒道を尊ぶようになったというから、もはやキリシタン寺請の証拠《しょうこ》がなくなったので、幕府へ上申してその内諾《ないだく》を得て、産土《うぶすな》神《がみ》かあるいは信仰している神社の神主をもって請人《うけにん》にする。

その上、請状《うけじょう》の案文までを例示している。なお、ここで問題として注目されるのは、(1)領民の神道・儒道に対する尊信の実状、(2)幕府への上申に対する幕閣側の態度、の二点にあるであろう。つぎにこの二点について少し考察しよう。

まず(1)について――光政の儒学尊信は意図的に家臣に波及したが、一般の領民にも強い影響を与えずにはおかなかった。光政が寛文七年四月幕閣へ提出した「備前出家還俗之子細書付」の中には、領民の廃仏向儒《はいぶつこうじゅ》についてつぎのように記している。

領民の廃仏向儒

下の者上をならう

近年国元の民どもは、出家たちが私欲をもって人をたぶらかしているのを見限って、儒学を好むものがつぎつぎにふえた。物事をかみ分けることのできない一般の百姓たちも、右のものどもの言説を聞きなれて坊主を疎《うと》むようになって、神儒を好む風が広がっていった。そもそも私(光政)が儒学を好むところから、それに刺激されて右のように進展したものである。さてその実状はといえば、一村の内で多少なりとも仏法を信仰しているものは一―二人で、残りは儒仏の分別ができないので、領主が好んでいることであるからといって、葬祭を神儒の方式で行うものが多くなっていったのである。

領主の推奨

すなわち、領主の好むところに追従《ついしょう》して、まず、村役人・医者・社僧、僧侶で還俗したものなどの指導者層に神儒道への信奉がみられ、ついで彼らの直接影響をうけて、一般領民が同調することになって、神儒道におもむくものが寛文六年ごろには激増(約九七・五%)していたようである。もっとも、光政は廃仏向儒を善行として、米銀を給したり時服《じふく》を賜わって賞讃したので、領民の神儒道信奉はいよいよ拍車をかけられたといえよう。

末広生安の場合

つぎにその数例をあげよう。『池田家履歴略記』によれば、邑久郡牛窓村の末広生安《せいあん》という者は、若い時に土佐(高知県)へ行って、野中兼山の学風を聞いて儒学に志したという。牛窓は古くから造船の盛んな港町であり、船の原材木を土佐からも購入していたので、生安の土佐行きはそのような関係からでもあっただろうか。

さて、生安は壮年に達して郷里牛窓に帰り、いよいよ仏教を遠ざけて専ら儒学を尊び、藩の儒臣とも交わって切磋《せっさ》し、先祖の祭祀には儒礼を用いるようになった。当初は同郷の者も生安の言行に承服しなかったが、もともと生安は儒仏の教えを弁明する才能をそなえていたので、老若男女とも一度その講話を聞けば、その説を信じてたちまち同調するものが多くなったといわれる。その上、生安は医術にも功労があったので、光政は大いに感嘆して、寛文六年七月俸米十人扶持を下賜したという。

井上与左衛門の場合

なお、同村の八幡祠官井上与左衛門は、もとは社僧新蔵坊の弟子で良尊といった。久しく高野山にのぼって仏学を修めて寛文五年牛窓に帰り、前記の生安と語り合って、初めて仏教が異端であることを悟ってこれを廃し、儒書を読み同志と勤学してその理をもとめるようになった。そしてついに神道を興起しようと願うようになったので、郡奉行前田段右衛門は大いに喜んで、良尊を還俗させて井上与左衛門と改名させ、やがて光政は井上を八幡宮の祠官として祭田まで寄付したという。同村の庄屋三平も儒学を好むことが聞えたので、光政は家老日置《ひき》猪右衛門に命じて時服を賞賜させたと伝えられる。

光政の警告

しかし光政は他面において、不本意な僧侶までを神儒道に転向させることは禁ずるとともに、領民の中には光政の深意をわきまえないで、ただ仏道を破ることをよしとする恐れもあったので、徒らに流行を追って行き過ぎのないように戒告し、仏道に復帰したいものは心次第にするように訓示している。

一部領民の反骨精神

このような趨勢に対して、領民の中には反骨精神を表明するものもあった。津高郡の日蓮宗徒のような、伝統的かつ熱烈な仏門帰依《きえ》の民衆にとっては、光政の儒道興隆の政策は、慈悲正直を看板にしているが事実には若干の相異があると指摘し、「新学（心学）すすめヲ一郡ニ三人・四人ヅツ御置被レ成、是以《ここをもって》皆百姓痛《いたみ》ニて御座候。」と非難しており、神道請についても、「去年（寛文六年）より万民ノ判形《はんぎょう》神主ニ被二仰付一、新学一同之御改印共無二心元一奉レ存候。其上新学ノ取置ニ魚類はなれ

仏者之札

ず、年季（忌）弔《とむらい》ニも魚肉を用ひ、……是以《ここをもって》近国・他国迄あつぱれ吉利支丹住《すみ》よげなる国とさた仕る事、惣じて彼法に異ならざる事、国中充満仕るヲ奉レ歎者也。」（前掲「目安」）と論難して、天下一般の寺請制に復するように要望しているのである。このような津高郡農民は格別としても、一般領民の神儒道信奉も、ごく一部の者を除けばその思想的根底は案外浅いものであったと思われることは、寛文七年巡見使が藩内を巡察したとき、神儒道信奉者の多かった邑久郡牛窓村で、巡見使は神儒を尊ぶ者を江戸へ召し連れて処罰するんだとの噂《うわさ》がとんだとき、村民の大半があわてて門外に「仏者之札」をはりつけたといわれることからも推測できる。

神道請の長所

つぎに(2)についてみよう――光政は上記のような領民の神儒道信奉を背景として、キリシタン神道請実施の必然性を強調するとともに、神道請が寺請よりまさる実状を、幕閣につぎのように説明している。

……只今迄ハたとへバうさん(不審の意)なる者御座候ても、坊主請《うけ》ニ立候へバ其分ニ見のがし候儀も在るべくと存ぜられ候。又坊主ハ一代者ニて他国よりもすハリ候へバ、請ニ立候とても不慥成儀《ふたしかなるぎ》と存ぜられ候。只今ハ五人組申付、其氏子ノ分、家内之人数ヲ社人手前ニ書付置、死人これ有り候へバ其帖之名ヲ消、又生れ候者御座候へバ、即時ニ村々庄屋かの社人へ申し届け右之帖ニ付置、毎月一度ヅッ其帖面之人数ヲ改め、判形仕候様ニ申付置候。……

幕府の監視

幕閣の中にはこのような神道請に不満の意をもったものもあったが、キリシタン宗門改めが一段と有効かつ適確に行われることに対して、正面切って反対する理由もなかったであろう。しかし、幕府は岡山藩の神道請を全く見のがしたのではなく、寛文七年九月巡見使が藩内を巡視したときには、領民に神道請・僧侶還俗などについて直接に問いただすところがあった。

仲秋の祭りと儒葬

さて、神道請に転向した百姓は、「仲秋ニ神主《しんしゅ》(位牌)ヲ祭」ることと、「儒葬」

を行うことが要求された。前者は、儒教の倫理に基づいて封建的な家の維持をはからんとするものであり、後者は、庄屋にキリシタン宗徒の有無を確認させるとともに、村支配の実績をあげさせようとしたものである。

寺請制への復帰

光政から綱政への藩主の交替は、岡山藩の神道請制度に対して不満と疑惑をもつ幕府にとっては、政策の転換を求めるチャンスであった。光政とちがって藩政を幕政に準拠して改変せんとした綱政は、延宝二年(一六七四)ごろから寺請制度への復帰をほのめかして、仏神両道のいずれをえらんで信仰しても、藩当局はなんらの干渉を加えないと明示した。しかし、光政の在世中は遠慮したものと思われ、彼の死後五年目の貞享四年(一六八七)六月、幕府の指示を得たうえで、二十年にわたる神道請制度を廃止してついに寺請制度に踏み切ったのである。それと同時に、寛文六年に淘汰された寺院の多くは復興され、領民はそれぞれの旦那寺を再びもつことになったわけである。

第八　致仕

大名としての特質

寛文十二年(一六七二)光政は数え年六十四歳になった。元和二年(一六一六)八歳で姫路藩主になってから五十七年、寛永九年(一六三二)二十四歳で岡山藩主となってからでも四十一年、長い大名生活であった。

光政の治世は、まさに藩体制の確立期間にあたっており、明敏かつ剛毅の素質は、ひたむきな学問修業によっていよいよ円熟し、典型的ないわゆる「名君」として君臨した。その藩政上にのこした大きな足跡は万般にわたっているが、大名としての特質は、まさしく啓蒙的であるとともに絶対的な権威をもつところの、専制君主のそれに類似したものであったといえよう。そのことは、領国の政治においてもまた幕府に対する態度においても、ひとしく認められたところである。

隠居の許可

晩年におよんでも格別の病状は起らなかったが、やはり養生に専念すべき健康状態になっていたことは争われない。子綱政もすでに三十歳を越していたので、ぼつぼつ世を譲って後見役に身をおきたいとの願いを出していたところ、寛文十二年（一六七二）六月十一日ついに台命《たいめい》があって致仕《ちし》（隠居）し、つつがなく子綱政が家督を継ぐことが許された。

両支藩の成立

なおこのとき、次男信濃守政言《まさこと》に備中領分の新田二万五千石を、三男丹波守輝録《てるとし》に同じく一万五千石を、それぞれ分知《ぶんち》することも許可された。因《ちな》みに、信濃守への分知は、備中国浅口・窪屋《くぼや》・小田の諸郡内の新田であって、貞享元年（一六八四）九月領地の朱印状を下されて鴨方《かもがた》藩が成立し、丹波守への分知は、本藩朱印高の内に含まれるものであって、生坂《いくさか》藩として成立をみたわけである。この両支藩とも独立性はうすく、両支藩主はともに岡山城下に在住し、領地内の主邑である鴨方村（浅口郡）・生坂村（倉敷市）の寺院を、臨時の役所とする程度であり、主要な政治は本藩に依存しており、藩士も本藩からつかわされた「附人《つけびと》」

から成っていた。

蕃山の批判

なお、この両支藩への分知について、蕃山は延宝二年(一六七四)春に丹波守へ贈った書状の中で、つぎのように批判している。

此度御両公へ四万石の御分知は、御家のすいび、御国の凶事をふくみ申候。

御家のすいび

ここに「御家のすいび」とあるのは、光政の祖父輝政は姫路藩主として、実質的には約八十余万石を領知していたが、その後、一族が分立した結果岡山藩は全体の約三分の一になったのに、家老たちが当初のままの知行高をもっているのは、まさに「尾大なるものはうごかしがたし。枝大なる時は立がたし。」といわれる結果を招いていることを指し、暗に、今回の分知はますますその勢いを助長するものであると指摘しているのである。

御国の凶事

つぎに「御国の凶事」というのは、信濃守・丹波守両公の取り立てに対して家老たちは憤り、一般家臣も主人が多くなった心地がして不安がっており、かつ、本藩の年貢が減少することは不和の基である、ということを意味していた。

本支藩の関係

このような蕃山の批判が、どの程度に的中していたかを明らかにすることは困難であるが、特に財政面において、本藩の大きな負担になったことは事実であった。しかし一方、明治維新に際して水戸から迎えられた本藩主茂政が、微妙な立場に追いこまれて動きがつかなくなったとき、鴨方支藩主章政《あきまさ》が代って本家を襲封するにおよんで、初めて難局を打開し得たような効用もあった。

母と夫人の死去

さて致仕後の光政は、江戸では麻布邸、岡山では西の丸に移り住むことになり、また、綱政と交互に江戸と岡山との生活を繰りかえしている。寛文十二年(一六七二)十月二十六日には生母福照院が七十九歳で逝去し、丹波守が守護して柩《ひつぎ》は岡山へ帰り、光政は十一月二十五日和意谷《わいだに》に帰着して、翌日葬儀を執行した。ついで延宝六年(一六七八)十月七日、夫人勝子が六十一歳で卒し、十一月二日同じく和意谷に葬られた。法号は円盛院殿明誉光岳泰崇大姉《だいし》。

楽隠居に非ず

このような致仕と、それに相ついでおこった生母・夫人の卒去によって、深い愁傷の念に沈んだであろうが、光政は世のいわゆる楽隠居のくらしを送る男ではなかった。権威と自信とに満ちていた光政の眼には、世間的には立派に成人していた子綱政も、安心して任せきれる国主としては映じなかったにちがいない。自分の理念をその子に継承させようと強く念願した光政にとって、綱政は余りにもかけはなれた道を進もうとした。そこに、隠居おやじの藩政への干渉と、新藩主に対する強力な教導が加えられるゆえんがあった。前記の藩校の存廃をめぐっての光政の態度は、最も象徴的なものであった。

藩政の変転

しかし光政は致仕の身であって、藩政の主体は綱政であり、延宝以後の岡山藩の動向は、いくらかのブレーキはかけられたものの、綱政を軸としての回転であった。しからば、光政から綱政への変転はどのようなものであったろうか。

綱政の幕政追従

まず幕府との関係からみよう。綱政は藩政上の諸問題を、しばしば大老酒井忠清をはじめ閣老たちに相談するとともに、むしろ積極的にその指示を仰いでいる。このような幕政追従に対して、家老池田主水《もんど》は綱政への上書《じょうしょ》の中でつぎのように批判している。

池田主水の批判

御仕置御用人共様子見及候ニ、諸事唯今江戸の趣加様《かよう》に有レ之などとて、万事江戸御仕置の様に移り申と存候。……江戸より被ニ仰出一候御法度《はっと》は、成程急度《きっと》被ニ仰付一候段、御尤《もっとも》奉レ存候。御自分御仕置の義は、其程御考可レ被レ遊義に奉レ存候。諸侯より公方《くぼう》(将軍)の法を真似《まね》、……還《かえっ》て不礼になり、古来不レ宜《よろしからざる》事の由……

蕃山の批判

また蕃山も、貞享二年八月の綱政への呈書の中で、

他国の者申候は、公方様御不仁にてきびしき被レ成方多候。それを備前の太守御似せ候て公義を御へつらひ被レ成候。

と、主水とほぼ同様な批判をしている。

剛直から随順へ

事実、綱政は光政によって淘汰された多数の寺院を復興するとともに、キリシタン神道請《うけ》もおいおいに廃止したが、これは仏道を尊崇した綱政個人の思想によるものであるとともに、とかく極端かつ異例な領国政治をきらった幕府側の圧力と、幕政になるべく順応しようとする綱政の方針から出たものと解せられる。従って、対幕関係における光政から綱政への推移は、剛直から随順への性格の転換であったと要約することができるであろう。

官僚的な用人政治へ

さらに、藩政の内部をのぞいてみよう。啓蒙的な専制君主としての性格を強くもっていた光政は、自ら親しく藩政を主導せずにはおかなかった。『池田家履歴略記』によれば、寛永十九年(一六四二)の七月から十二月までの半年間に、光政自身が裁判した国政の数は一、二六七件におよんだといわれ、また『光政日記』を読めば、彼がいかに政治の細部にまでわたって、直接に手を下し目をつけていたかがわかる。このような主君の支配下では、特定の側近者がいわゆる実力者として、主君とうまくタイアップする限りにおいて縦横の手腕を発揮し得たであろう。だから、光政時代に藩の職制が整備されたとしても、それは主として晩年のことであり、整備の内容にもおのずから限度があり、本格的な整備の完成は、延宝から天和を中心とする綱政治世の初期においてであった。かくて、光政時代には想像もおよばなかった用人政治も、綱政の代に入ると水野三郎兵衛・津田重次郎などが用人に挙げられて、彼らに藩政の実権が移るとともに、家臣の官僚化も著しく進展するわけである。

文治政治の確立

このような政治体制への推移のもとに、「公私ノ典故《てんこ》」が大いにととのい、綱政の好んだ文学・芸能も一般的に開花し、かつての武断的色彩の濃い藩政は、ようやく文治的な段階をむかえるのである。この推転は、また幕府におけるそれとも軌を一つにしていたといえよう。

第九　逝去

不予

天和元年（一六八一）十月帰国して以来、光政は西の丸で静養していたが、翌二年四月不予《ふよ》のため良医を京都に求めることになった。やがて岡玄昌という医者が来岡《らいこう》していろいろ手をつくしたが、光政の容態は快方に向わなかった。死期が近づきつつあることをさとったのか、光政は五月一日寝室へ、池田主水《もんど》・伊木勘解由《かげゆ》・池田大学・日置《ひき》猪右衛門・池田隼人《はやと》・土倉《とくら》四郎兵衛・土倉淡路・岸織部・水野三郎兵衛・泉八右衛門・津田重次郎・服部与三右衛門などの家老・用人を召して、つぎのような臨終の遺言を申しきかせた。

遺言

皆々久敷《ひさしく》不レ逢《あわず》候。今日は気色《きしょく》よく候へども、食すすまざるに付草臥《くたびれ》候。晩には又発《おこり》候はば弥《いよいよ》草臥可レ申候。生身《なまみ》は不レ知候ゆへ言聞《いいきか》する事ニ候。惣別《そうべつ》家の立も不ㇾ立も、家老の心得にて有ㇾ之事ニ候。誰も悪き家老に可ㇾ成とおもふものは一人もなく候へども、或は家の法を背、奢我儘《おごりわがまま》を立、威を争ひ、不作法・私を構《かまえ》て、不ㇾ覚《おぼえず》悪敷《あしき》家老に成候事、古来より多候。能き家老に成候様致べく候。皆達は銘々《めいめい》家老有ㇾ之候。家老ども奢侈《しゃし》にして我ままに候ハバ、満足には有まじく候。久敷《ひさしき》家といひ皆一門久敷家老にて候間、前々言《いう》通りを常々能《よく》省み、家の立様に、家の為不ㇾ思しては不ㇾ叶事ニ候。用人どもは皆達のわけとは違候へども、命を懸《かけ》て可ニ相務一候。威を争はず相和して奉公可ㇾ仕候。丹波（輝録）は唯弟と迄思ひ申間敷候。能き弟ニ候はば伊予（綱政）為ニなり、悪敷弟ニ候へば伊予為にあしく候。能き弟ニ可ㇾ成と思はば、我弟有ㇾ之心得にて、其ニ引合、善悪考、互に異見可ㇾ仕候。

右のような遺言を全文紹介したのは、光政は終生一貫して家臣を教導したこと、しかもその教諭の内容まで不変のものであったこと、などを示したかったからである。全体の格調はあくまでも、家父長が一族郎党に、家の安定と維持について垂れる家訓ともいうべきものであった。古いといえば古い家族主義といえよう。なお、光政はとくに家老池田主水にも、学問・武備の重要性、貯蓄・倹約の在り方、家臣の作法のこと、などの十七ヵ条を書面にして渡したといわれる。

北山寿庵

医者岡玄昌に代って、大阪の北山寿庵が来診した。寿庵は光政の脈をとって、不治の病症でとても灸薬《きゅうやく》のおよぶところにあらず、命《めい》なり、として数日にして帰阪したが、病床の光政の態度に感嘆して、この人こそ真の君子であると語ったという。この

光政(左)および夫人の墓　(和気郡和意谷三の御山)

寿庵が去って十五日目の五月二十二日（陽暦六月二十七日）卯《う》の刻（午前六時）、光政は西の丸で七十四歳の生涯を閉じた。諡《おくりな》を芳烈公という。こえて六月十三日和意谷墓地の「三の御山」に儒法をもって埋葬し、翌日神主《しんしゅ》（位牌）は西の丸に納められたが、天和三年五月綱政の帰国をまって、同月二十一日神主遷廟《せんびょう》の儀式がとり行われた。なお、儒道の制に則《のっと》って造営された和意谷にある墓碑の題字は「従四位下左近衛権少将源光政朝臣之墓」、墓表の篆額《てんがく》は綱政の自筆、墓表文は藩儒小原善介の撰になるものであるという。因みに、明治四十三年（一九一〇）特旨をもって正三位に追陞《ついしょう》された。

遺品の処分

ついで、光政の遺品がそれぞれ処分された。将軍へは黙庵画くところの掛物一幅（月江の賛）、御台所へは小倉実名・頓阿法師筆の『古今集』一部、そのほか門流・親戚諸家および重臣たちへも、調度品・武具・掛物・書物などがそれぞれ分配された。藩校へも自筆の『孝経』一部を納め、とくに閑谷《しずたに》学校の文庫へは、平常着用した衣服をはじめ、武具・器物など多数を収納した。その中には、直筆の『孝経』

一生心忠孝

および四書各一部、唐本十三経一部などの儒書もあり、また、長さ二十五センチメートルぐらいの短冊形の竹製文具があって、表には「一生心忠孝」と、裏には、「寛永拾貳年初夏二十三日」のほかに、「人界をなににたとへん水どりの、はしふる露にやどる月かげ」の歌が書かれており、すべて光政の自筆と伝えられている。

国清寺

前記のように光政の埋葬地は和意谷であり、神主《しんしゅ》は城内の祖廟に祀《まつ》られているが、その他、国清寺《こくせいじ》（岡山市）には、宝暦十年（一七六〇）光政の孫継政筆の光政肖像一幅が付せられており、また、「通源院殿前羽林《うりん》次将天質義晃大居士《ぎこうだいこじ》」という法号の位牌も安置され、回忌も営まれているので、同寺を菩提寺としてもよい。

曹源寺

また、元禄十一年（一六九八）綱政が建立した曹源寺（岡山市）は、信輝・光政および綱政自身の冥福を修するためのものであるとされ、ことに、本尊如意輪観音の胎内に納められていた「通源院（光政の法号）鉄牌」の存在によって、同寺も光政の菩提寺の一つに数えられる。因みに、光政は儒礼を好み葬儀も全く儒法を用いたので、もともと戒号はなかった。曹源寺創建のとき同寺に位牌を安置せられて、初めて通源院天質義晃なる戒号がつけられたのである。

芳烈祠

しかし光政を祀る最も重要な場所は、閑谷学校構内に貞享三年（一六八六）に建立された芳烈祠《ほうれつし》である。かの「芳烈祠堂記」は、宝永元年（一七〇四）学校奉行市浦清七郎（毅斎）が作ったものである。市浦は光政に重用された有数の儒学者であり、全くその人を得たというべきである。祠の中には、宝永元年京都の工人によって鋳造

金銅の尊像

された金銅の光政尊像（口絵）が安置されている。この尊像は総高六十五センチメートルの座像で、継政が夢で得たイメージによって画いた国清寺収蔵の光政肖像が、壮年鋭気の容貌を示しているのに対して、この座像はもっと晩年の風貌を表現しているものと思われ、まことに円熟・悟道の境地に入った光政を偲《しの》ばせるものといえよう。因みに、芳烈祠は明治八年（一八七五）閑谷神社と改称した。

第十　学芸と武芸

一　学　芸

広範な修業

学者的な大名としての光政が、儒学とくに王学（心学）を深く究めたことは前に詳しくのべたが、彼の学問的修業は儒学以外にも広範にわたっていた。すなわち『仰止録《ぎょうしろく》』には、「……和書・国学・草紙・盛衰記・大(太)平記其外の書にても、乱行の事を見て戒と致すならば行《おこない》の助になるべき事と思召され……」とあるように、自戒の助けになるものであれば、広い分野にわたって考究したものと思われ、初期には仏学さらに国学に心を寄せたようである。

経典の書写

仏学の修業については審《つまび》らかでないが、自ら経典を書写したことは明らかである。その主なるものは、寛永十五年父利隆（興国院）の追福のために、国清寺に奉納した『法華経』一部八巻、慶安元年将軍秀忠（台徳院）の十七回忌追福のために、台崇寺に奉納した『浄土三部経』一部四巻、母福照院へ献進した『細字三部経』一部、などである。

『日本書紀』神代巻

国学に志が深かった一例は、光政がみずから陰陽五行の説に基づいて、再度にわたって書き入れをした『日本書紀』神代巻があることである。同書は現在岡山大学付属図書館収蔵の『池田家文書』の中に含まれており、その表紙には、「国主松平新太郎光政様より先祖拝領之書物、御同人様御書込有、神主岡越後義直家宝」とあり、この岡越後は岡山神社の神主で、その子孫である岡直盧《なおり》氏が所蔵していたものが池田家に寄せられたのである。

歌集の筆写

つぎに歌学についてみよう。光政はずいぶん多くの歌集などを筆写している。いま書写の年代順に主なるものをあげれば、『新古今和歌集』・『千載和歌集』・

『後撰和歌集』・『後拾遺和歌集』・『拾遺和歌集』・『古今和歌集』・『定家卿歌』などである。このように光政は多くの書写をのこしているが、その態度がいかに慎重であったかは、寛文元年次男の池田信濃および家老伊木長門に向って、「惣じて書物を写し候に、書落し候事は有まじき儀也。早く書仕《し》廻度《まいたく》と思う心より落候かと思候。一字々々心を付書候ハバ、退屈も仕らず字も落ち間《ま》敷《じき》也。司馬温公は『通《つ》鑑《がん》』という大分《(部)》の書

日本書紀巻第一
神代上
古天地未剖陰陽不分渾沌如雞子溟涬而含
牙及其清陽者薄靡而為天重濁者淹滞而為
地精妙之合摶易重濁之凝場難故天先成而
地後定然後神聖生其中焉故曰開闢之初洲
壌浮漂譬猶游魚之浮水上也于時天地之中
生一物状如葦牙便化為神號國常立尊

光政の書き入れのある『日本書紀』神代巻
（岡山大学付属図書館蔵『池田家文書』）

を自筆にて書かれ候に、一字も落さず草字も無きと也」（『有要録』）と語ったといわれることからも知られよう。

さて自作の和歌のうち、確証のあるものをつぎに二―三あげておこう。

寛永三年後水尾天皇が二条城に行幸したときの献歌。

嶺におふる松の千年も取そへて
　君がよはひを契《ちぎ》るくれ竹

津田重次郎が拝領したもの。

芝の戸やさしもさびしきみやまべに
　月吹かぜに小男鹿《さおしか》のこゑ

正保三年十月和気郡鹿久居《かくい》島に狩し、同郡寒河《そうご》村の庄屋萩原次郎左衛門宅に二泊し、次郎左衛門の系譜をみて書き与えた和歌。

おく露もしづ心なく秋風に

みだれてさける真野の萩原

臼挽歌

さて、世俗には光政が五倫の歌を作って、麦春《むぎつき》歌に用いさせたといわれるが、『池田家履歴略記』の編者斎藤一興は、これを妄説《ぼうせつ》として否定するとともに、臼挽《うすひき》歌《うた》（歌詞は不明）を作ったことは閑谷学校の古記録にみえるという。なお斎藤は、江戸時代後期に和気郡方面でうたっていた歌で、光政が作ったものかと推定される歌があるとして、つぎの八首の道歌《どうか》をのせている。

道歌

人の言なし北山時雨《しぐれ》　曇りない身ははれてゆく
おやのいひでに付やらぬ人は　何がよかろふ行末が
日の本照しやるお日さまよりも　親の光がつよござる
水は方円うつわのままに　人は善悪友次第
人のふりみて我ふりなをせ　人は見にくひふりをする
神へまいらば親さまおがめ　おやにましたる神はない

かくす事をば天知る地知る　後にや人知るわれも知る

これらの歌は、斎藤も付記しているように、儒生か学才のある庄屋などが作ったものかも知れないが、ともかく光政の作歌であるかのようにいわれるのは、あれほど心学を普及・奨励した事実を考え合せれば、うなずけないこともないであろう。

書道

光政は書道を好み、幼少の頃には京都青蓮院《しょうれんいん》宮尊純親王について学び、後には中国の古法帖《こほうじょう》について習字したといわれる。現存する書翰や自筆の日記などを通じてみれば、光政の筆蹟はまことに達筆で力のこもった気品がある。

音楽

光政はまた音楽をたしなみ、殊のほか笙《しょう》を好んだという。あるとき仲秋《ちゅうしゅう》の十五夜に、月見がてらに水辺へ臨んだが、あたかも雨晴《あまばれ》で名月も朧《おぼろ》であった。そのとき光政は林歌《りんか》の曲を奏したが、ほどなく雲が散って満月が照り冴《さ》えたので、君臣ともに天感のいたすところであると、歓喜の涙をながしたと伝えられる。また

芦田鶴

謡曲・舞楽《ぶがく》にも深い趣味をもちかつ堪能《たんのう》であったようである。自筆の謡曲番組もあり、寛文三年五月には江戸藩邸で盛大な舞楽を催したことがある。なお、『率章録』には、京都から楽人辻伯耆《つじほうき》・東儀修理《とうぎしゅり》・窪将監《くぼしょうげん》の三人を召して、家中武士に音楽を学ばせたこと、また、所持の横笛の命名を内大臣中院通茂に頼んだら、「空にかけり沢に年経て幾度か霜の芦田鶴《あしたず》こゑふけぬらん」という歌にちなんで、芦田鶴《あしたず》と名づけられ、その後この笛を楽人辻山城守に与えたが、辻は天子の笛の師であったから、この笛は天子の御物になったこと、などが記されている。この説話について、『泳化《えいか》余編』(藩士三上左大夫著か)や『池田家履歴略記』は、異口同音につぎのように批判している。すなわち三人の楽人が岡山に来たのは、明暦年中から寛文四年までの間のことで、それは東照宮祭礼に奏楽するためで、家臣に音楽を習わせるためではなかった。また、光政の笛に芦田鶴と命名したのは、彼の没後十五年の元禄九年のことであり、名前の出所《しゅっしょ》といわれる「空にかけり……」の歌は、中院通茂がこの笛に題した自詠のものであって、命名のもとになった古歌は、「あしたづの雲井にかよふ声の中にかねてもしるし千世の行すへ」というものであるとし、そのあとに、「かくまでちがへる事を、烈公の御笛の時名付られしとし、又は天子の御物に成しなどしるせる杜撰《ずさん》いふばかりなし」と結んでいる。

杜撰と付会

右に一例を示したように、光政の言行録の中には事実に合わないものや、一も二もなく光政に付会《ふかい》しようとする傾向があることは十分に認められる。そして江戸時代の著作のなかにも、そのような杜撰や付会に対してするどく批判したものもあって、光政のようなエピソードの多い人物については、何ものかに記録されているからといって、直ちにそれを盲信することは慎しまねばならぬ。

文弱を厳戒す

なお、光政は自筆の日記にも書いているように、家臣が文弱に流れないようにと士気の振起につとめているが、このことは一般的に芸能方面に端的に現われている。たとえば、彼は「学文」(問学)と「文学」とを対比して、修養のためになる前者は大いに奨励したが、多分に趣味的な後者は抑制する方針をとっているように、彼の教養は全般的に厳粛な固さをもっていた。従って、明暦三年（一六五七）には「かぶき者」を禁止するとともに、若い家臣たちが「かぶき」のまねをすることを、「なげかしき事」として厳戒を加えており、また、家老などがしばしば「能」の会などに招かれて行くことを、苦々《にがにが》しく皮肉ったりしているのである。

二　武芸

細川幽斎歌詠の評

光政はあるときの物語りに、「武家に生れて遊芸に過ぐれば、武勇ありとも其名後世に伝はらず。細川幽斎など武辺数度高名の将なれ共、歌道の名隠れなければ、後世只歌詠《うたよみ》とばかり申伝る也。」（『仰止録』）と語ったといわれる。いみじくも光政の言なりというべきである。

大規模な狩り

光政は慶安期を中心としてその前後に、各種の軍法・軍役を制定して、軍事体制の整備強化を計っており、太平の世に対処しての武芸の訓練として、しばしば大規模な狩りを行っている。狩場《かりば》にはほとんど城下北はずれの半田山(岡山市)が選ばれ、総勢は一万人内外におよんだ。このような仰山《ぎょうさん》な狩りが江戸表でも取り沙汰され、あるとき閣老から、少し遠慮されてはいかがかといわれたとき、光政はつぎのように答えて相手方を沈黙させたという。

今太平の時節に、人数を引き廻すことは鹿狩りより外に仕方はないのである。さてさて自由にならぬものである。太平の民を教えずして軍に用いるのは、民を棄てることであるという古人の訓《おしえ》もさることである。おのおの方はいま在府されているが、帰国の節には慰めとして鹿狩りを試みられれば、治にいて乱を忘れずという戒にもかなない、上様への忠にもなるものである。

光政が鋭い馬の目利《めきき》であったことは、つぎのような一挿話が教えてくれる。江戸浪人で乗馬の名手であった谷田加介というものが、あるとき江戸藩邸へ見せ馬にきたことがあった。光政の側近にいた菅《すが》八内が、谷田の乗馬を「おろし」と見立てたところ、馬上の谷田は菅の見立てをほめた。ところが、じっと見すえていた光政が、その馬は「うきあし(浮足)」というものであろうといったとき、谷田は馬からとび下りて、この馬を浮足と見定めるものはいまだ江戸中にいない、さても鑑定眼の鋭きことよと感服したという。その後、谷田は他家より四百石で仕官するようにすすめられたが、「知行は少くても、目の明《あき》たる旦那にてなければ奉公不二面白一《おもしろからず》……」といって、二百石で光政に召し抱えられたといわれる。因みに、幕末岡山藩の兵制改革の推進力となった一人に、武技熟達をうたわれた谷田甚太郎というものがいたが、彼こそはこの加介の子孫である。

谷田加介の仕官

光政自身は、武芸のうちでも格別に射法を好んだようである。早くも旗本の備《そなえ》に弓組二十人を設けており、居間の側に巻藁《まきわら》をすえて弓組の者に交替で弓を射させ、病気中には障子の外に巻藁を置いて、絃音をきいて慰めにしたともいわれる。

百射の賭的

あるとき、弓の達人山川十郎左衛門と「百射の賭的《かけまと》」を行った。光政は九十五筋、山川は九十六筋的中したので、弓を十郎左衛門に与えた。再度の賭的では、光政が九十六筋、山川は九十五筋であったので、山川に賭の弓を出すように命じたので、山川はさきに光政から賜わった弓を差し出したところ、光政は別の弓を求めた。そのとき山川は、この外に弓の持ち合わせはない由を申し上げたので、光政は笑って差し出した弓を返し与えたといわれ、山川家ではこの弓を子々孫々まで秘蔵したという。

第十一　言行の余滴

いままで述べてきたことで、光政という人物はほぼ明らかになったと思うが、人間の重要な半面である私生活の面にふれるところが少なかったので、ここでは日常的な言行を落ち穂ひろいの形でとりあげて、人間的理解の補足にしたいと思う。

史料批判の必要

さて、ここで利用する材料は殆んど江戸時代に編纂されたいくつかの言行録であるが、それらはしばしば述べたように、光政に対する敬慕の念から、あるいは後代藩主の手本にする目的から作られたものであるから、かなり批判的にうけとめる必要があることは勿論である。ただし、批判・検討の内容は容易に決め難く、そこに人間の理解にまつわるむつかしさがある。従って結局は、筆者の光政観に基づいて取捨選択するほかはない。

挾箱持ちの奴

母福照院への孝養はかずかずのべられている。光政は平常母と同座するときには、心を慰めるために即興《そっきょう》の冗談《じょうだん》をとばすので、近侍の女中までも笑いがとまらなかったといわれ、まさに虎の剛毅の半面に、嬰児《えいじ》が母親にたわむれ遊ぶ一面をもっていた。あるとき福照院が、挾箱《はさみばこ》（衣服を入れ棒を通して荷う箱）を運ぶ奴《やっこ》のそぶりをまのあたりに見たいと所望したとき、光政は早速、箒《ほうき》を持ち出してその真似をして一覧に供したら、福照院は笑いをとめて落涙したという。なお、そのとき孫の政言《まさこと》（信濃守）にも同じ仕種《しぐさ》をもとめたが、政言はただ笑うばかりで立たなかったので、怒った光政は退去後に政言に向って、「国を領する身に親の奉養かくべきや。ただか様の事にて御歓《およろこび》を受べき事なるに、其心付なきは不孝なり。」と叱ったという。寛文十二年江戸で福照院が病気になったときには、光政は昼夜帯も解かずに側をはなれず、食膳は前もって風味した後でなければ供しなかったと伝えられる。

次男政言を叱る

落合流の槍術

光政の当時には、諸大名はすぐれた人材をさかんに登用する風潮があった。もちろん光政も、文武の芸に上達した浪人などを数多く召し抱えている。上記の谷田加介を二百石で登用したのもその一例である。

光政は家臣の武芸を奨励するために、槍・太刀などを修業している者たちに、その流儀と師匠の姓名を書き出さすことにした。たまたま、槍術《そうじゅつ》の流儀に落合流という名を記し、師匠の姓名を書かずに出した家臣が相当数いたので、光政は落合流の名は初耳であったから、その流儀の師匠の名前を聞いたところ、他国から来参している落合弥左衛門という浪人であることが分った。光政は落合の槍術を親しくみて満足するとともに、多くの家臣が就いて修業するためならばといって、禄二百石で召し抱えることとし、家老池田伊賀に向って、落合の流儀は面白くまた家臣たちが好んでいるから、浪人であるが召し抱えることにしたことの趣旨を、譜代の師匠たちによく納得させるようにと命じた。

お六様の乳兄弟

光政の娘お六様（滝川儀大夫一宗の室）の乳《ち》兄弟の某が、徒《かち》に召し出されたいとの志願をもって、お六様および奥方の役人に頼み込んだことがあった。当初光政はその願いを取り上げなかったが、その後お六様が死去したのち、光政は右の某を任用することについて重臣たちの同意を求めた。そのとき光政は、娘や奥方の役人から頼まれたからといって登用すれば、かずかずの弊害があるので心にかかりながらも放置していたが、娘も死んだので登用の決心をしたと語っている。家臣の任用に当って、私情に流されず情味も失わずというべきであろう。

茶壺の道中

つぎに、光政の剛毅な風格を示すエピソードを一―二紹介しよう。ある参勤の道中で将軍家の茶壺《ちゃつぼ》に行き会ったことがある。その茶壺はちょうど街道の真中に置かれていたが、光政の供の牽馬《ひきうま》がはからずもそれを踏み返した。茶壺には別条はなかったが、その役人たちはゆすり文句をつけて後に引かず、ともかくこの行列の主人は切腹ものであると高言した。ことの次第を聞いた光政は、頓着《とんじゃく》せずに行列をつづけるように命ずるとともに、茶壺役人へ使者をつかわして、家来の者の粗相《そそう》をわびさせ、かつ、江戸参着の上で挨拶すべきことを申し入れさせ、なお、左程に大切な茶壺を、馬の踏むような粗末な所へ置いたのは不届千万であり、閣老に挨拶廻りするときにその趣を話しておくから、そのように心得られたい、と言い捨てにして帰らせた。おどろいたのは役人たちで、いろいろ断わったが光政は聞き入れなかった。なおも二―三の宿駅を追って平身低頭してあやまったので、この度のことはこのままにして済ましてやると叱正《しっせい》したという。

由井正雪の高提灯

由井正雪は光政に一目《もく》も二目もおいていたと思われ、謀叛《むほん》を計るときには、まず一番に光政への手当を巧妙にしておかねば心もとないとして、提灯屋《ちょうちん》へ備前屋敷の用品であるとして、池田家の蝶の紋所をつけ柄に鎗《やり》を仕込んだ高提灯五十丁を注文した。その提灯屋は不審がって、藩邸へことの次第を告げたので、光政はすぐに月番の老中に対面して、ことの危急をつたえて穿鑿《せんさく》すべきであると談じ込んだ。ついで弓屋藤四郎という者の密告によって、正雪の企らみが露顕してその党類が誅伐されたと伝えられている。けだし、光政の名をかたって城門を入るために、このような提灯を注文したものであろう。

丸橋忠弥のつるべ打ち

また、由井正雪の腹心であった丸橋忠弥は、彼らの陰謀に同調する大小身のものは多いが、光政は「義気忠誠奪うべからざる人」であるから、わが党に属しないで必ず鎮定のために出馬するであろうから、そのとき竹橋御門で討ち取ることにしたが、文武の良将でありかつ士卒が心を一つにしているから、樋の中に伏していて鉄砲でつるべ打ちにする計画をたてたといわれる。

光政は剛直・鋭敏の気性で、自他に対して人一倍にきびしい態度を持したようである。そのような自分をよく知っているからこそ、反面では、寛容になろうとして自己反省をゆるがせにしなかった。岡山城の外下馬門《げばもん》などに諫箱《いさめばこ》を設けたり、家臣からの積極的な諫言を求めたりして。

争臣の章

あるとき『孝経』を読み争臣の章におよんだとき、光政は家臣池田出羽・同伊賀に向って、みなみなこの点に留意して、自分に悪いことがあったら是非とも諫めるように、また、お前たちも他人の諫言をよく受け入れるようにとさとした。そのとき末座にいた王学者中川権左衛門(謙叔)が膝をのり出して、

疱瘡の跡

唯今の御一言国家永久の兆《きざし》なり。然れども、公は厳威ありて殊に聰明に在《お》はしまし、又疱瘡《ほうそう》の御跡ありて、たまたま御怒りなされ候時は二目とも見られず、と人々皆申候。かかる事にていかで御諫を申人の候べき。まず色を和柔にして諫者を賞し給はば、言路開けて御益あるべし。

と、忌憚《きたん》なく光政の痛いところをついたが、光政はその直言を大そうほめたという。

寒夜の蜜柑

光政はつとめて家臣が諫言を言上するように配慮した。ある寒夜に蜜柑を食べていたとき、侍医の塩見玄三が冷物を避けられるようにと忠告したのでその言に

従ったが、内所に入って老女に語っていうには、玄三の忠告ぐらいのことは自分も知っていると、あやうく口に出かかったが押しとめることができた。もし口に出していたならば、今後、誰も自分の悪事を諫めなくなるであろうと。

下民を差別せず

最後に、下民《げみん》に親しんだ一例を示しておこう。光政がある年閑谷《しずたに》学校へ参向したとき、和気郡某村の賤民たちがはるか彼方から送迎しているのをみて、近習の者に彼らは何者であるかを尋ねた。近習の者が賤民であることを説明したが、光政はなんらの反応を示さなかった。そこで近習の者は、彼らは猪・狸をはぎ肉食をする不浄の者であると重ねて説明したところ、光政は即座に、

其方どもは異《い》な事を申物や、彼等も我百姓なり。猪・狸をはぎ肉食する事、誰とてもすまじきにあらず。何ぞ彼等に限りて其通りに見捨べき事やある。

と、不満の意を表明した。その帰途、賤民どもを近く召して御意を下したという。

賤民の年貢米

また、その年の暮に賤民の指し出す年貢米はどうしているかと尋ねたとき、役人

どもは、賤民は不浄であるからその年貢米は、藩庫米や家臣の知行米には廻わしていない旨を答えたので、光政はその心得違いを諭して、一般の百姓と差別することなく年貢米を納めさせることにしたという。

第十二　後世への影響

歴代藩主の遺訓紹述

光政の岡山藩に占める地位は、家康の幕府におけるものと類似していた。権現様神君《しんくん》の歴代将軍に対する権威と、芳烈公の遺訓が歴代岡山藩主にもつ権威とは軌を一つにしていた。

芳烈公光政の遺訓を、子孫である歴代藩主が紹述《しょうじゅつ》する場合、その遺訓を内容的にみれば「仁政」と「尊王」の二点に帰するであろう。

斉輝

六代藩主斉政《なりまさ》の長子斉輝は、文政二年（一八一九）二十三歳で卒したので大名の地位につかなかったが、世人から「御志の正大高明にして御徳行の本末緩急を分ち給ふ」公子と仰がれ、将来この人によって「烈公の盛徳再び封内に輝」くものと期待されていた。その遺文に『筆能阿末梨《ふでのあまり》』という筆録がある。その一節には、「仁の道は人の君たるものの上にては至て入用の道也。士民の服するも仁政による也。……国民風俗厚く能く耕作を勉るも君の仁政による。」という、全く光政の仁政思想を祖述したような一文があるのが注目される。

茂政

九代藩主茂政《もちまさ》は、水戸家（斉昭《なりあき》の第九子）から入って文久三年（一八六三）襲封したが、内憂外患のおりから光政の遺訓・偉業を尋ねてこれを継述して、難局に対処せんとする決意をつぎのように表明している。

……そもそも芳烈公勤倹を以て四民を仁育し給ひ、修文演武世をあげて称揚し奉る。就中《なかんずく》、倹約と申すは内所《ないしよ》の驕《おごり》を止め、第一に軍役・公役の嗜《たしなみ》致すこそ、誠の備《そなえ》にてこれあるべきとの御遺言もこれあり候。玩味《がんみ》致し申すべく候。我等においても、斯くの如き御先祖様の御偉業を継述致す心得に候。……又民は国の本にこれあり、塗炭《とたん》に苦しまざる様なるべく憮恤《ぶじゆつ》致すにおいては欣《きん》喜《き》の事に候。（『池田家履歴略記後集』）

章政

なお、十代藩主章政《あきまさ》は明治元年（一八六八）六月藩政体の改革にあたって、

……吾藩においては、おそれおほくも芳烈公の建て置かせられ候善政に依て、国家安穏の今日に至り候義、深く感戴《かんたい》し奉り候事に候間、其御政蹟を基本として、昇平の弊風に流れ候件々を除き、時勢に応じ候様致し候へば、直ちに今般仰せ出され候御一新に相当り候様思ひ候間、……（『史料草案』）

と、藩祖光政の治蹟を基本として、陋習《ろうしゅう》を去って時勢に即応するようにすれば、御一新の趣旨にかなうものであるとしている。

つぎに、光政の尊王思想の紹述についてみよう。そもそも光政の尊王思想については、史料的な確証は乏しく、彼が「忠」について論ずる場合でも、「忠」の対象はもとより将軍であり、その内容は儒教的政治倫理に基づくものであった。しかし、『池田光政公伝』のように光政の尊王をひたむきに高く評価すべきでないにしても、彼の断片的な事跡を総合して考察すれば、その政治的立場から表面

にはっきりと現われていないが、内実はかなり確乎《かっこ》とした尊王意識をもっていたものと思われる。

楠胤説を採る

寛永十八年（一六四一）九月光政が幕府に提出した『池田氏家譜集成』（一巻）には、はっきりと池田氏の出自《しゅつじ》に関して楠胤説をうたっており、また、万治二年（一六五九）には楠氏の軍法が広大な徳を特性としている点を嘆美しているが、これらをもってすれば、光政が楠木正成をもって遠祖とし、その徳性と事蹟に、血のつながりを意識してあやかろうとしたことは十分に認められ、ひいてはこれが、尊王意識の基底になっているものと推量できるであろう。そのほか、国典・神学の研究とか、第二女輝子を一条右大臣教輔《のりすけ》に嫁《とつ》がせ、参勤・帰国の途次、しばしば一条家に立ち寄っている事実など、尊王とからませて考えることも可能であろう。

一条家との関係

因《ちな》みに、幕末期におよんで文久二年（一八六二）八月および十月の両度、藩主慶政《よしまさ》は姻戚《いんせき》筋にあたる一条左大臣忠香《ただか》を介して、薩長両藩と同様に当藩も国事周旋に奔走すべしとの内勅を下され、ここに四名の周旋方が任命されて、当藩の尊攘運動が本格的に発足したことを付言しておきたい。

とにかく、光政によって出自の楠胤説が天下にほぼ公認されるきっかけが作られ、歴代藩主によってその主張がくり返されるとともに、光政の尊王思想は幕末維新期におよんで、その時勢に対応して一段と内外から強調されるに至った。

藩主茂政《もちまさ》は文久三年六月、襲封後はじめての入国に際して家臣一同に、藩祖光政以来の勤王思想を祖述する決意を披瀝《ひれき》しており、章政《あきまさ》は明治二年（一八六九）二月、版籍奉還の建白書を提出したが、その中で「右ハ九代之祖新太郎光政儀、所レ治之土地・人民は決して非二我有一之旨精々遺訓仕、下官《げかん》ニ至り兼々服膺《ふくよう》仕居申候。」（『史料草案』）と、この処置は光政の遺訓を服膺したものであるとしている。因みに、この遺訓といわれるものは、『光政日記』にある重臣たちへの諭示に、「当国ヲ我等ニ被二仰付一候ヲ、私ノ国と少も不レ存候。」とあることなどを指しているようである。

対外的には、元治二年（一八六四）五月長州藩主毛利敬親《たかちか》は、当藩に積極的な周旋を依頼した親書の中で、「貴藩之儀は遠く楠廷尉《ていじょう》之余裔《よえい》を継がせられ、近く八源烈公之御血統をも請けさせられ……」と、楠氏の後裔であることを指摘して、勤王藩としての盟友性をうたっているのである。

長州藩主の親書

光政の面影は生きている

光政はたしかに封建領主としては稀《まれ》にみるすぐれた人物であり、烈公・芳烈公あるいは新太郎少将の呼び名で、今でも多くのゆかりのあるものから、畏敬と親愛の情をよせられている。彼の事業は各方面にわたって画期的であった。藩校の遺構は、戦前までは講堂・校門・泮池《はんち》などが原型をとどめていたが、戦災で今では泮池のみが面影を偲《しの》ばせており、閑谷学校は殆んど完全に残存している。上道《じょうとう》郡大多羅《おおだら》（岡山市）の寄宮《よせみや》も、今は訪ねる人も稀であるが依然として現存する。倉田新田・倉安川・百間川・和意谷《わいだに》墓地など、約三百年の歴史の推移を刻んで、すべてが光政に結び付けられて現在に生きているといえよう。

池田氏略系図

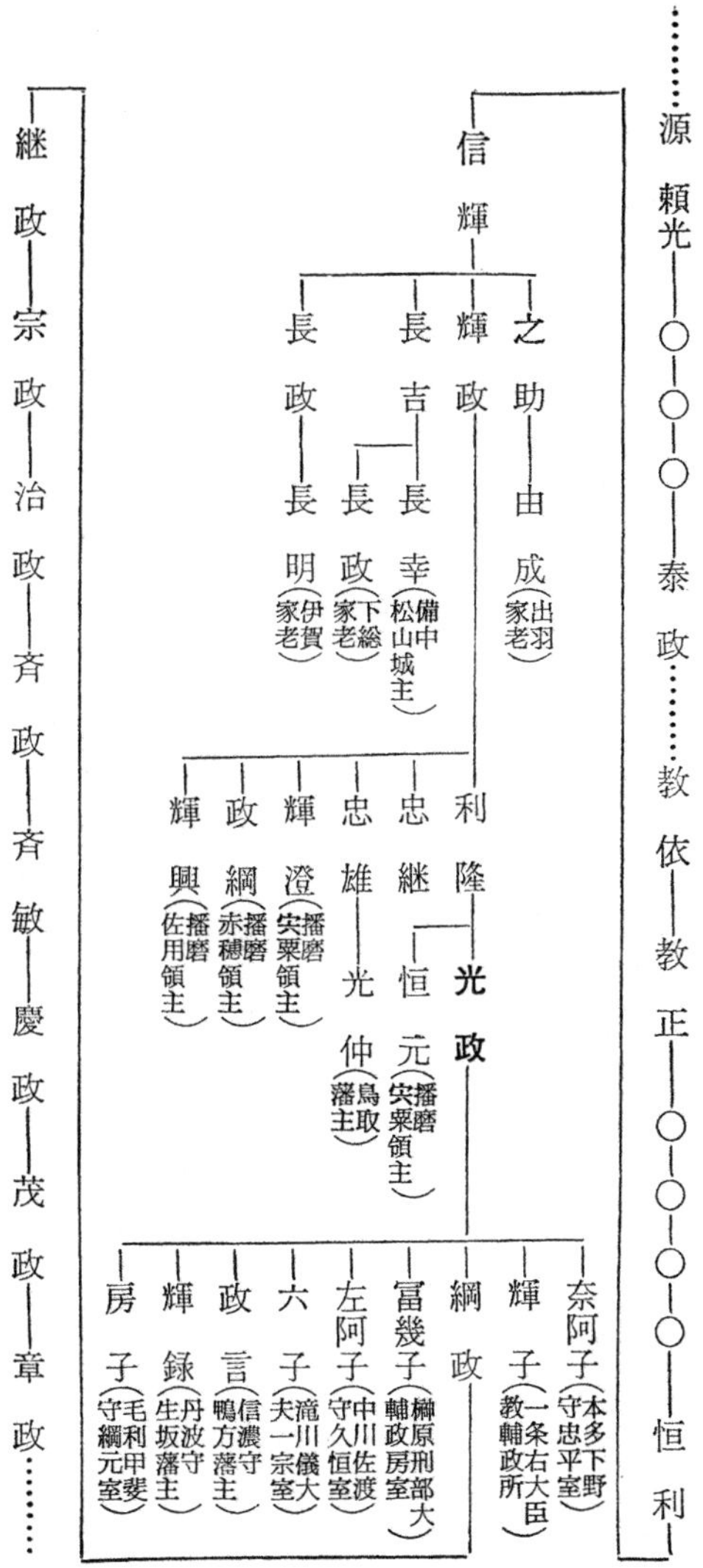

源 頼光─○─○─○─泰政……教依─教正─○─○─○─○─恒利
信輝
之助─由成（出羽家老）
輝政
長吉
長政─長明（伊賀家老）
長幸（備中松山城主）
長政（下総家老）
利隆
忠継
忠雄─光仲（鳥取藩主）
輝澄（播磨宍粟領主）
政綱（播磨赤穂領主）
輝興（播磨佐用領主）
光政
恒元（播磨宍粟領主）
奈阿子（本多下野守忠平室）
輝子（一条右大臣教輔政所）
綱政
冨幾子（榊原刑部大輔政房室）
左阿子（中川佐渡守久恒室）
六子（滝川儀大夫一宗室）
政言（信濃守鴨方藩主）
輝録（丹波守生坂藩主）
房子（毛利甲斐守綱元室）
継政─宗政─治政─斉政─斉敏─慶政─茂政─章政……

略年譜

年次	西暦	年齢	事項	参考事項
慶長五	一六〇〇		光政祖父輝政、姫路に入封す（五二万石）	関ヶ原の戦
八	一六〇三		光政叔父忠継、備前二八万石を賜わり、父利隆が代って治む（備前監国）	家康、征夷大将軍に補せらる○家康孫女千姫（天樹院）、秀頼に嫁す
九	一六〇四		利隆、領内検地を実施す	
一二	一六〇七		利隆、松平の姓を賜わり武蔵守に任ぜらる	
一四	一六〇九	一	四月四日、光政、岡山城に生る○五月一一日、幕使牧野豊前守、岡山に来て光政に青江の刀・信国の脇差を賀賜す	幕府西国大名の人質を江戸に集む
一五	一六一〇	二	叔父忠雄、淡路（約六万石）を領す	
一六	一六一一	三	江戸へ下り将軍秀忠に初見参し国俊の脇差を賜わる○弟恒元（備後守）生る	四月、後水尾天皇即位○八月、幕府初めて切支丹宗を禁ず
一七	一六一二	四	八月、祖父輝政、松平の姓を許されついで参議に任ぜらる	京都大仏殿成る

一八	一六一三	五	正月、輝政姫路城で死し、利隆姫路に移って遺領（四二万石）をつぎ、忠継岡山城に入り播磨三郡を賀賜さる○光政、家康に見参して新藤五の脇差を賜わる	紫衣勅許の制を下す○支倉常長ローマに遣わさる
一九	一六一四	六	利隆、大阪冬の陣に参戦す○光政、伏見で家康に見参す	大阪冬の陣
元和 元	一六一五	七	二月、輝政継室富子(良正院、家康二女)死す○二月、忠継死し（一七歳）、弟忠雄が淡路より岡山に入封す（三一万五千石）○播磨三郡は忠雄の弟三人に分賜さる○利隆、大阪夏の陣に参戦す	大阪夏の陣、豊臣氏滅ぶ○武家諸法度を頒ち、公家法度を定む
二	一六一六	八	六月一三日、利隆、京都京極丹後守邸で死し(三三歳)妙心寺中護国院に葬る○六月一四日、酒井忠世・土井利勝、上使として光政に遺領(四二万石)を相違なく下される命を伝う	四月、家康死し(七五歳)、ついで東照権現の神号下賜さる
三	一六一七	九	三月六日、光政、因幡・伯耆両国(三二万石)に国替を命ぜられ、八月一四日、家臣鳥取城に入る○鳥取藩主(六万石)池田長幸(利隆の従弟)、備中松山（六万五千石）に移さる	家康を日光山に改葬する○朝鮮の賀使来る○将軍秀忠上洛す
四	一六一八	一〇	二月、光政入国のため江戸を発し、三月一四日、鳥取	

			に入城す	
五	一六一九	一一	正月、鳥取城の増築を始む(三年にして成る)○五月、秀忠上洛し、光政警衛として広瀬を固む	六月、京都所司代板倉勝重辞し、翌月その子重宗が代る
六	一六二〇	一二	一二月、参府○此年、大阪城壁修築の命をうく	
七	一六二一	一三	四月、江戸を発し、五月四日鳥取に帰城す	
八	一六二二	一四	四月、参府○此年、修学に志し、また板倉勝重に治国の要道を問う	
九	一六二三	一五	七月、将軍家光に随って上洛し、首服を加えられ（元服）偏諱を賜わって光政と改め(これまで幸隆)、四位侍従に任ぜられ、やがて帰国す○此年、勝子（父本多忠刻、母天樹院千姫、秀忠養女）との縁組を仰せ付けらる	七月、家光将軍宣下、内大臣に任ぜらる
寛永元	一六二四	一六	参府、大阪城壁普請の役をうく	四月、板倉勝重死す
二	一六二五	一七	帰国	
三	一六二六	一八	八月、将軍上洛に随行し、左近衛権少将に任ぜらる○九月、後水尾天皇二条城行幸のとき和歌一首を献ず○帰国	五月、姫路藩主本多忠刻(勝子父)死す
四	一六二七	一九	四月、参府	

寛永五	一六二八	二〇	正月二六日、勝子(円盛院)との祝言○勝子養父秀忠より盃・正宗の刀・志津の脇差を、将軍家光より家守の刀をうく○正月二八日、弟池田恒元、従五位下備後守に任ぜらる○此年、大阪城普請の役を勤め、鹿野城(因幡)の火災で池田家代々の記録を焼失す	徳川光圀生る
六	一六二九	二一	冬帰国	踏絵の命を発す
七	一六三〇	二二	一二月、参府	四月、不受不施派の僧日奥等謫せらる
八	一六三一	二三	江戸で疱瘡(もがさ)を病む○秀忠不予のため滞府し、一二月二五日、秀忠より鷹の雁を賜わり、病床にて忝なき上意をうく(一門以外の諸大名は後日見参)	
九	一六三二	二四	正月二四日、秀忠死去につき、遺物金千両・白銀五千枚を福照院(光政母)に、金百枚・銀千枚を円盛院(光政室)に賜う○三月二九日、帰国○四月三日、岡山藩主池田忠雄死す○五月、幕命により急ぎ参府し、六月一八日、備前へ国替を命ぜられ、八月一二日、岡山に入城す(三一万五千石)○全家臣、八月一八日、鳥取より岡山に移る	正月二七日、将軍家光諸大名を召して去就を試す○一二月、幕府大目付を置く

一〇	一六三三	二五	正月、参府○天樹院二の丸で将軍を饗し、光政も陪宴す	正月、巡見使の分国を定む○二月、軍役の制を定む○三月、初めて若年寄を置く
一一	一六三四	二六	二月、長女奈阿子(本多忠平室)生る○六月、将軍上洛に随行し、ついで帰国す○此年、熊沢蕃山来り仕う	八月、譜代大名の妻子を江戸に置かしむ○此年、長崎出島を築く
一二	一六三五	二七	正月一六日、岡山発参府	六月、参勤交代の制を確定す○初めて寺社奉行を置く
一三	一六三六	二八	五月二二日、次女輝子(一条教輔室)生る○七月、帰国。朝鮮信使を牛窓(邑久郡)本蓮寺に接待す	六月、寛永通宝を鋳る
一四	一六三七	二九	三月、参府○一一月、船奉行中村主馬などをして関船一〇隻を大阪に廻航させ、島原の乱鎮圧に協力す○一二月、新銭を鋳る	一〇月、島原の乱起る
一五	一六三八	三〇	正月五日、長男綱政、江戸で生る○二月一九日、帰国○此年、熊沢蕃山辞す	九月、キリシタン禁教を厳にす○初めて大老職を置く
一六	一六三九	三一	三月、参府○綱政、天樹院に従って将軍に謁す○天城(児島郡)陣屋を設置し、家老池田出羽、下津井(同郡)より移る	四月、大名の奢侈を戒め、邪教を禁ず○八月、江戸城本丸火災
一七	一六四〇	三二	正月二六日、四女富幾子(柳原政房室)生る○六月六	

			日、帰着○八月、下津井・牛窓に遠見番所を置く○此年、宍粟家中騒動があり、輝澄(光政叔父)は領内仕置不行届として封地没収され、池田光仲（光政従弟・鳥取藩主）に預けらる	
寛永一八	一六四一	三三	三月、参府○九月一二日、池田家系譜を幕府に献ず○此年、花畠教場（藩校の前身）を設く	二月、諸家に系図編纂を下令す
一九	一六四二	三四	六月二六日、帰城○一二月二九日、江戸着○此年、諸法度を定め仕置職を置く	
二〇	一六四三	三五	正月五日、江戸城壁(平川口石垣)普請役を始む（三月二八日竣成）○五月晦日、朝鮮使牛窓着○光政、東の丸で世子家綱に初見参す	三月、田畑永代売買禁止令○九月『寛永諸家系図伝』成る
正保元	一六四四	三六	八月二一日、諸士に先祖奉公の品の書上げを命ず○一二月一七日、東照宮勧請の工事落成す○五女左阿子(中川久恒室)生る○柳原香庵を岡山に引きとる	一二月、諸国に郷村高帖および国郡諸城の図を製せしむ
二	一六四五	三七	三月二日、江戸着、六日将軍より東照宮勧請について上意あり○三月一五日、赤穂城主池田輝興（光政叔父)、狂気して池田光仲に預けられ、その子女を光政が預る○七月一〇日、二男政言、岡山に生る○此年、	一一月、家康に東照大権現の宮号の宣下あり

三	一六四六	三八	熊沢蕃山再び来り仕う○六女六子（滝川一宗室）生る四月二七日、日光社参○五月一五日、帰城○八月一〇日、釜島・六口島・松島の三島（児島郡）を塩飽が押領せんとしたが、岡山藩領に裁決さる○八月、備前備中大絵図を献ず○一〇月、鹿久居島（和気郡）で鹿狩す	二月、諸国の地図を製せしむ（正保国絵図）
四	一六四七	三九	二月一四日、熊沢蕃山に新知三百石を賜う○三月二五日、江戸着○五月一七日、池田輝興（光政叔父）死す○此年、二女輝子、将軍家光の養女となり一条家に婚約成る○備前・備中の内新田二万五千石を弟恒元へ分与す	
慶安元	一六四八	四〇	三月一九日、諸侯みな帰国したが、光政は将軍の日光社参中江戸に留まり、世子家綱を守護すべき台命をうく○五月二六日、日光参詣○六月一〇日、帰国○此年、国中の課役を免ず	四月、家光日光社参○八月、中江藤樹死す
二	一六四九	四一	三月二九日、江戸着○一〇月五日、弟恒元、播磨宍粟(三万石)を賜わり、備前・備中墾田二万五千石を光政に返す○一一月一一日、三男政倫生る○一二月二五	二月、検地条例・御触書を公布す

			日、二女輝子、一条家に嫁す	
慶安 三	一六五〇	四二	五月二〇日、熊沢蕃山に三千石を給す○八月一三日、帰城○一二月、申楽役者の俸米を放つ	
四	一六五一	四三	正月、兵制を更定す○三月、参府○五月二八日、綱政熱海に湯治す	四月二〇日、将軍家光死す○七月、由井正雪の陰謀あらわれ正雪自殺す○八月一四日、家綱将軍宣下
承応 元	一六五二	四四	五月二四日、帰城○九月一八日、弟恒元・子綱政は老中から光政謀叛の風説について諭告さる	九月、浪人別木一党の陰謀発覚す
二	一六五三	四五	三月二一日、江戸着○七月、綱政とともに日光参詣○一二月二三日、綱政元服、四位侍従に叙任、将軍の偏諱を賜う○此年、九女房子（毛利綱元室）生る	閏六月、酒井忠清老中となる
三	一六五四	四六	七月三日、長女奈阿子、本多忠平に嫁す○七月一九日、備前大洪水○八月八日、帰城し災害復興を計る○同月一一日、諫箱を設置す○一〇月六日、組頭を番頭と改称す○同月二四日、国中横役を免ず○一一月三日、天樹院の肝煎で、救恤のため城銀四万両を借用す○此年、地方知行制を変革し、大庄屋を廃して十村肝煎を置く。郡医者（十人）を置く	二月、切支丹禁制の高札を建つ

明暦元	一六五五	四七	正月、郡中法令一四条を定めて改革す○二月一五日、岡山城書院で儒礼によって歴代神主を祭る○朝鮮信使を接待す	一一月二〇日、宇喜多秀家、八丈島の配所に死す(八三歳)
二	一六五六	四八	二月二二日、白銀贋造者二四人を検挙す○五月二五日、帰城○九月一七日、東照宮祭礼に初めて流鏑馬一〇番を命ず○一〇月一八日、町会所を建つ	五月、大老酒井忠勝辞す○一二月板倉重宗死す
三	一六五七	四九	正月、江戸藩邸罹災す○四月三日、四女富幾子、榊原政房(姫路藩主)に嫁す○五月一八日、藤沢の遊行僧来る○九月二五日、江戸着○一〇月二五日、綱政帰城○此年、熊沢蕃山致仕す(三九歳)	正月、江戸大火○林道春死す○二月、徳川光圀『大日本史』編纂に着手す
万治元	一六五八	五〇	五月一〇日、綱政江戸着○五月二七日、五女左阿子、中川恒久に嫁す○九月一九日、帰城	
二	一六五九	五一	二月一日、城内石山に祖廟を設く○三月二七日、江戸着○五月二七日、綱政帰城○九月一五日、榊原政房室(光政四女)死す	
三	一六六〇	五二	三月二三日、綱政江戸着○四月一四日、綱政と丹羽左京大夫光重娘(真証院)の婚儀あり○六月六日、帰城○此年、金岡新田(上道郡、一二三二町)成る○京升を用う	

寛文元	一六六一	三三	正月二〇日、江戸両邸焼失す○閏八月二六日、江戸着○一一月一八日、綱政帰城	正月一五日、皇居炎上
二	一六六二	三四	四月、綱政江戸着○七月一八日、帰城○一一月一二日、和気郡井田村成る	二月、若年寄を再置す○七月、酒井忠勝死す
三	一六六三	三五	三月二七日、江戸着	
四	一六六四	三六	閏五月一〇日、帰城○同月二四日、綱政二女松子（堀田正仲室）生る○九月二〇日、善事（一五条）を士民に上書せしむ	
五	一六六五	三七	四月三日、江戸着○一〇月七日、綱政帰城○此年、岡山城本段成る、宗門奉行を置く	一〇月、不受不施僧を罰す○一二月、徳川光圀領内の淫祠三千余を淘汰す
六	一六六六	三八	五月三日、京極近江守・同丹後守（光政叔母茶々子の夫）、父子不和のため改易され、丹後守次男、岡山に預けらる○同月一〇日、帰城○同月一八日、領内の淫祠を淘汰し寄宮とす○八月三日、キリシタン神道請制を採る○同月、寺院を淘汰す○九月二四日、綱政江戸着○一一月二八日、石山仮学館開く○一二月、輝政・利隆の遺骨を京都妙心寺護国院より迎う	二月六日、天樹院死す（七〇歳）○三月、酒井忠清大老となる○此年、徳川光圀、領内寺院九九七を廃し、三四四寺の僧を帰農せしむ
七	一六六七	三九	二月二三日、輝政・利隆の遺骨を和意谷敦土山（和気	

			郡）に改葬す○閏二月一八日、巡見使来る○四月二日、江戸着○四月、国中の升を改めて京升を作る○五月、綱政帰城し、一一月江戸着○此年、寄宮七一社を建立す	
八	一六六八	六〇	四月一一日、九女房子、毛利綱元へ嫁す○五月七日、帰城○此年、郡中手習所一二三所を設置す○善行者を賞す	二月、江戸大火
九	一六六九	六一	四月二二日、江戸着○閏十月、藩校成り（学校領二千石）蕃山来校す○九月四日、綱政帰城○此年、評定所成る	四月、不受不施派の寺を改宗せしむ
一〇	一六七〇	六二	三月二七日、綱政江戸着○五月七日、帰城○此年、津田重次郎、閑谷学校を経営す	
一一	一六七一	六三	正月一四日、井田の地割普請を始む○四月一日、江戸着○六月七日、綱政帰城○弟恒元死す○一〇月一六日、社倉法を制定す	
一二	一六七二	六四	三月二九日、綱政江戸着○六月一一日、致仕し、綱政相続す。政言・輝録に新田分知の台命あり○一〇月二六日、母福照院死す（七九歳）	一二月、保科正之死す○此年、徳川光圀彰考館を開く
延宝元	一六七三	六五	三月一九日、江戸着○六月二四日、綱政帰城○同月、	分地制限令

			遊行僧来る○一〇月一〇日、帰城○一二月二八日、輝録従五位下・丹波守に叙せらる	
延宝二	一六七四	六六	四月二三日、綱政江戸着○一〇月二四日、綱政帰城○一一月二八日、江戸着○冬、閑谷聖堂建つ	
三	一六七五	六七	正月一二日、綱政、禁裏造営(一〇月成る)のため上洛す○九月、郡中手習所を全廃す○一〇月四日、帰城	一〇月、禁裏造営成る
四	一六七六	六八	一〇月二三日、小仕置を置く○一一月二七日、綱政江戸着	
五	一六七七	六九	三月二九日、江戸着○七月九日、綱政帰城○一一月二八日、帰城○此年、家中簡略を断行す	
六	一六七八	七〇	三月一〇日、和意谷墓参、翌日、閑谷校参向○六月七日、綱政江戸着○一〇月七日、夫人円盛院江戸で死し(六一歳)、晦日、和意谷に葬らる	
七	一六七九	七一	二月二八日、江戸着○五月七日、藩札製造成る○同月一九日、綱政帰城○八月、藩営倉田新田成り、用水倉安川開かる○一〇月一九日、倉安川を初航行す	
八	一六八〇	七二	正月二七日、綱政とともに赤坂郡牟佐に狩す(総勢二万人)○一〇月一九日、綱政江戸着○一二月二二日、	五月、将軍家綱死す○七月、綱吉将軍宣下

			江戸着	
天和元	一六八一	七三	六月一六日、綱政帰城○九月、巡見使来る○一〇月五日、帰国	正月、巡見使を派遣す 九月、山崎闇斎死す（六六歳）
二	一六八二	七四	四月一一日、綱政江戸着○五月一日、家老・重臣に遺言す○同月二二日、卯の刻西の丸で光政死す○此年、郡会所成り、郡代を本格的に設置す	
三	一六八三		五月、綱政帰国し、二一日、光政の神主を廟に移す○九月、光政の遺品を藩校・閑谷学校に納む	

主要参考文献

一　史料的なもの

『池田光政日記』寛永十四年十月から寛文九年二月までの日記で二十一冊、池田家旧蔵、現在、林原美術館収蔵。昭和四十二年、山陽図書出版より公刊。

『備　藩　典　刑』主として光政時代の法令・教令を湯浅元禎が編纂したもの。

『法例集・同拾遺』寛永末年から文政初年までの法令・教令・判例を類集したもので、『藩法集1』（岡山藩上下、二冊、藩法研究会編、昭和三十四年）に全部収録。

『池田家履歴略記』天文五年から寛政八年。斎藤一興編、二十六冊、日本文教出版より覆刻公刊。

『池田氏家譜集成』三十八冊。

『吉備温故秘録』寛政年間大沢惟貞録、百十一冊、『吉備群書集成』（十冊、大正十年―昭和七年刊）に収録。

二　言行録に類するもの

『有　斐　録』寛延初頃に藩士三村某が編したもので、精細だが正鵠を欠くともいわれる。『吉備群書集成』（第十輯）に収録。

『率　章　録』　安永初頃に藩士近藤西涯が編して五代藩主治政にささげたもの。『吉備群書集成』（第四輯）に収録。

『仰止録(正続)』　文政年間に藩の督学早川氏が集録したもので、詳細かつ考証を加えている。『吉備群書集成』（第四輯）に収録。

『烈　公　遺　事』　寛政九年藩士湯浅元禎が編したもので、簡明だが脱漏が多いといわれる。『続々群書類従』（第三冊）に所収。

三　伝記事蹟などの研究物

『芳　烈　公』　中江理一郎著、明治四十四年刊。

『池田光政公伝』　上下二巻、石坂善次郎編（永山卯三郎著）、昭和七年刊、研究資料としての価値大である。

「備前藩における神職請制度について」　水野恭一郎(『岡山大学法文学部学術紀要』五)昭和三十一年。

「池田光政の修学と教育政策」　谷口澄夫(『岡山大学教育学部研究集録』九)昭和三十五年。

「池田光政の政治理念とその実践」 谷口澄夫(『史学研究三十周年記念論叢』)昭和三十五年。

「岡山藩政確立期における寺社政策」谷口澄夫(『地域社会と宗教の史的研究』)昭和三十八年。

『池　田　光　政』谷口澄夫著(『大名列伝』四、人物往来社) 昭和四十二年。

「藩学校の経営についての一考察――岡山藩閑谷学校を中心として――」

谷口澄夫(『地方史研究』一八巻一号)昭和四十三年。

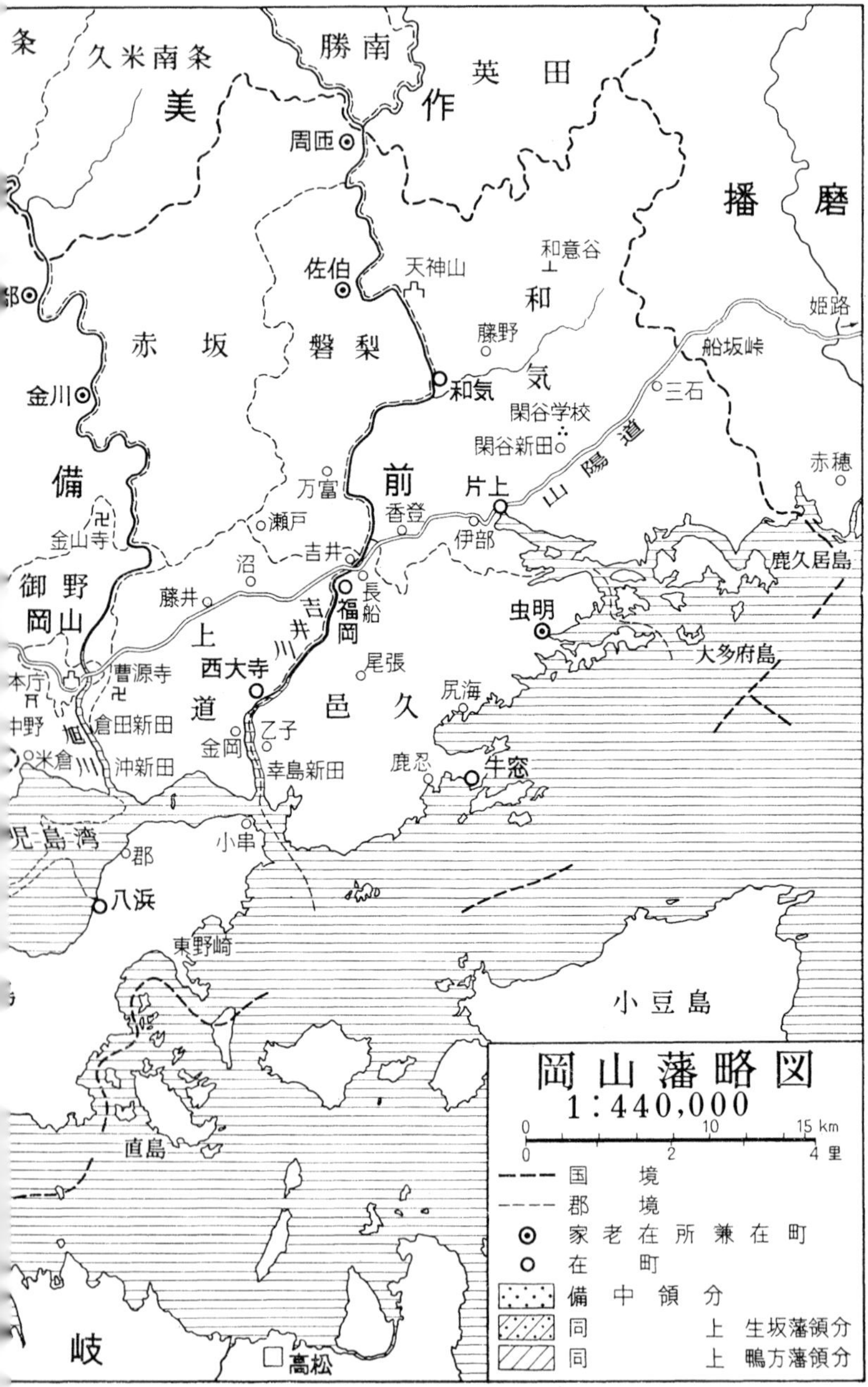
岡山藩略図
1:440,000
0
10
15 km
0
2
4 里
国　境
郡　境
家老在所兼在町
在　町
備中領分
同　上　生坂藩領分
同　上　鴨方藩領分
久米南条
勝南
英田
美
作
播
磨
周匝
佐伯
天神山
和意谷
和
姫路
赤坂
磐梨
藤野
船坂峠
金川
和気
気
三石
関谷学校
関谷新田
備
前
万富
片上
山陽道
赤穂
瀬戸
香登
伊部
金山寺
吉井
沼
鹿久居島
御野
岡山
藤井
福岡
長船
虫明
上道
吉井川
西大寺
尾張
大多府島
本庁
曹源寺
邑久
尻海
中野
旭川
倉田新田
乙子
金岡
米倉
沖新田
幸島新田
鹿忍
牛窓
児島湾
郡
小串
八浜
東野崎
小豆島
直島
岐
高松

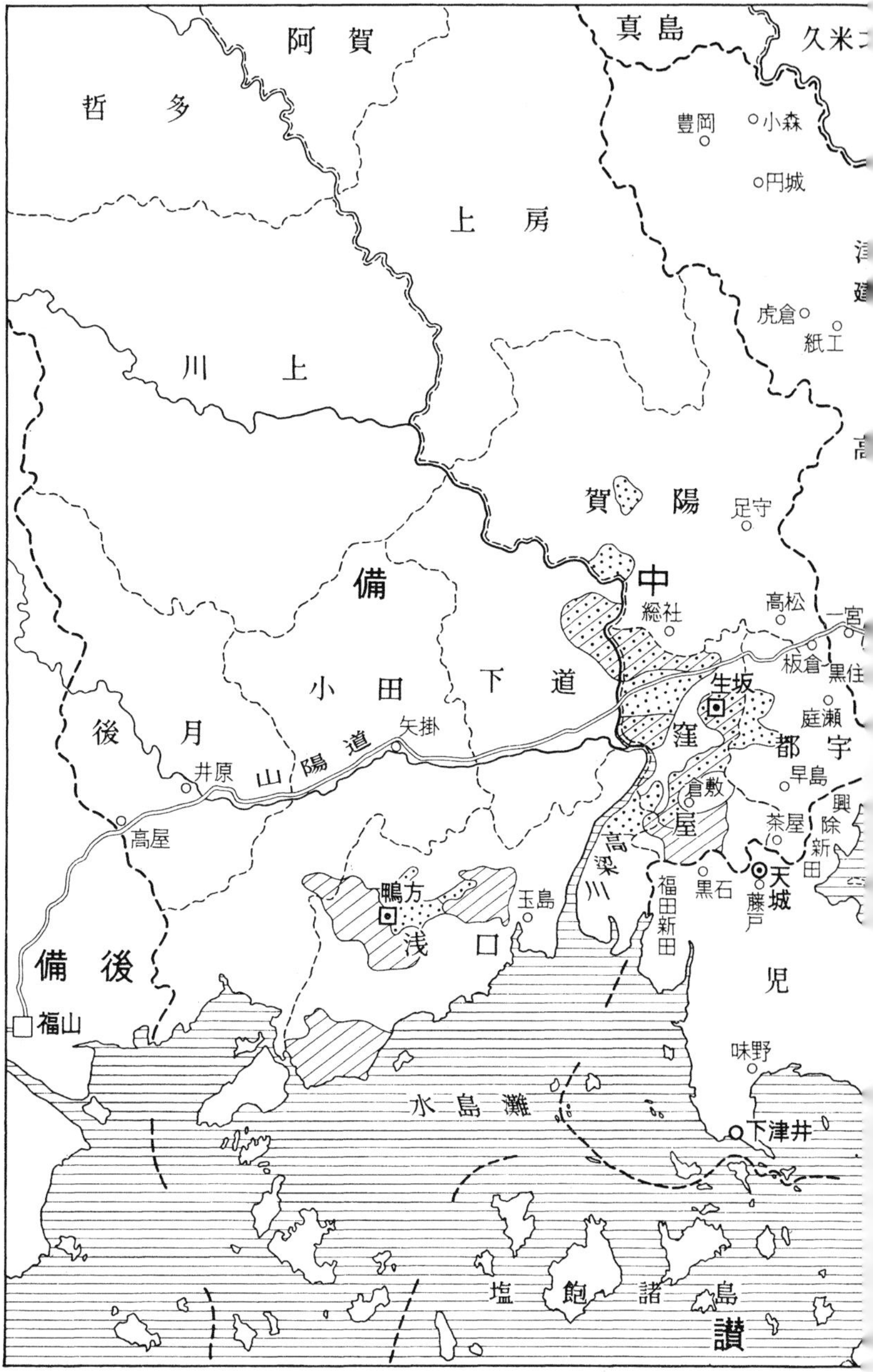
阿賀
哲多
真島
久米
豊岡
小森
円城
上房
虎倉
紙工
川上
賀陽
足守
中
総社
高松
一宮
備
小田
下道
板倉
黒住
生坂
庭瀬
後月
窪
都宇
矢掛
山陽道
井原
早島
倉敷
屋
興除新田
茶屋
高屋
高梁川
福田新田
黒石
天城
藤戸
鴨方
玉島
浅口
備後
児
福山
味野
水島灘
下津井
塩飽諸島
讃

著者略歴

大正二年生れ
昭和十五年広島文理科大学史学科国史学専攻卒業
岡山大学教授、同大学長、兵庫教育大学長等を経て
現在　岡山大学名誉教授、兵庫教育大学名誉教授、就実学園理事長、倉敷市史編さん委員会会長、文学博士

主要著書
藩法集Ｉ(岡山藩上・下)〈編〉　岡山県の歴史　岡山藩政史の研究　池田光政日記〈共編〉　岡山藩　備前児島野崎家の研究〈編〉

人物叢書　新装版

池田光政

昭和三十六年十二月　一日　第一版第一刷発行
昭和六十二年　六月　一日　新装版第一刷発行
平成　六年　三月二十日　新装版第二刷発行

著者　谷《たに》口《ぐち》澄《すみ》夫《お》
編集者　日本歴史学会
代表者　坂本太郎
発行者　吉川圭三
発行所　株式会社 吉川弘文館
東京都文京区本郷七丁目二番八号
郵便番号一一三
電話〇三―三八一三―九一五一〈代表〉
振替口座東京〇―二四四
印刷＝平文社　製本＝ナショナル製本

『人物叢書』(新装版)刊行のことば

人物叢書は、個人が埋没された歴史書が盛行した時代に、「歴史を動かすものは人間である。個人の伝記が明らかにされないで、歴史の叙述は完全であり得ない」という信念のもとに、専門学者に執筆を依頼し、日本歴史学会が編集し、吉川弘文館が刊行した一大伝記集である。

幸いに読書界の支持を得て、百冊刊行の折には菊池寛賞を授けられる栄誉に浴した。

しかし発行以来すでに四半世紀を経過し、長期品切れ本が増加し、読書界の要望にそい得ない状態にもなったので、この際既刊本の体裁を一新して再編成し、定期的に配本できるような方策をとることにした。既刊本は一八四冊であるが、まだ未刊である重要人物の伝記についても鋭意刊行を進める方針であり、その体裁も新形式をとることとした。

こうして刊行当初の精神に思いを致し、人物叢書を蘇らせようとするのが、今回の企図である。大方のご支援を得ることができれば幸せである。

昭和六十年五月

日本歴史学会
代表者　坂本太郎

〈オンデマンド版〉
池田光政

人物叢書　新装版

2020年（令和2）11月1日　発行

著　者　谷《たに》口《ぐち》澄《すみ》夫《お》

編集者　日本歴史学会
代表者　藤田　覚

発行者　吉川道郎

発行所　株式会社　吉川弘文館
〒113-0033　東京都文京区本郷7丁目2番8号
TEL　03-3813-9151〈代表〉
URL　http://www.yoshikawa-k.co.jp/

印刷・製本　大日本印刷株式会社

谷口澄夫（1913～2001）

ISBN978-4-642-75083-7